语言学论丛

英汉虚拟位移构式研究

钟书能 —— 著

A Study of Both English and Chinese Fictive Motion Constructions

北京大学出版社
PEKING UNIVERSITY PRESS

图书在版编目(CIP)数据

英汉虚拟位移构式研究 / 钟书能著. —北京：北京大学出版社，2021.10
（语言学论丛）
ISBN 978-7-301-32128-7

Ⅰ.①英… Ⅱ.①钟… Ⅲ.①英语 – 语法结构 – 对比研究 – 汉语　Ⅳ.① H314
② H146

中国版本图书馆 CIP 数据核字 (2021) 第 065373 号

书　　　名	英汉虚拟位移构式研究	
	YINGHAN XUNI WEIYI GOUSHI YANJIU	
著作责任者	钟书能　著	
责 任 编 辑	郝妮娜	
标 准 书 号	ISBN 978-7-301-32128-7	
出 版 发 行	北京大学出版社	
地　　　址	北京市海淀区成府路 205 号　100871	
网　　　址	http://www.pup.cn　　新浪微博：@北京大学出版社	
电 子 信 箱	bdhnn2011@126.com	
电　　　话	邮购部 010-62752015　发行部 010-62750672　编辑部 010-62759634	
印 刷 者	北京鑫海金澳胶印有限公司	
经 销 者	新华书店	
	720 毫米 × 1020 毫米　16 开本　13.5 印张　270 千字	
	2021 年 10 月第 1 版　2021 年 10 月第 1 次印刷	
定　　　价	58.00 元	

未经许可，不得以任何方式复制或抄袭本书之部分或全部内容。
版权所有，侵权必究
举报电话：010-62752024　电子信箱：fd@pup.pku.edu.cn
图书如有印装质量问题，请与出版部联系，电话：010-62756370

目 录

理 论 篇

第一章 概　论 ·· 3
　第一节　引　言 ·· 3
　第二节　虚拟位移的定义 ·· 5
　第三节　虚拟位移的分类 ·· 7
　第四节　虚拟位移研究综述 ·· 11
　第五节　本书的组织结构 ·· 23

第二章　理论框架 ·· 24
　第一节　引　言 ·· 24
　第二节　构式语法理论 ··· 24
　第三节　位移事件框架理论 ·· 30
　第四节　词汇化模式 ·· 32
　第五节　虚拟位移构式的主观化 ··· 34
　第六节　本章小结 ··· 45

第三章 真实位移与虚拟位移对比研究 ·········· 47
第一节 引 言 ·········· 47
第二节 真实位移与虚拟位移位移主体的对比研究 ·········· 48
第三节 真实位移与虚拟位移位移路径的对比研究 ·········· 49
第四节 真实位移与虚拟位移位移方式的对比研究 ·········· 51
第五节 真实位移与虚拟位移位移时间/距离的对比研究 ·········· 51
第六节 本章小结 ·········· 53

第四章 英汉虚拟位移构式对比研究 ·········· 55
第一节 引 言 ·········· 55
第二节 英汉虚拟位移位移主体对比研究 ·········· 55
第三节 英汉虚拟位移位移路径对比研究 ·········· 57
第四节 英汉虚拟位移位移方式对比研究 ·········· 59
第五节 英汉虚拟位移位移时间/距离对比研究 ·········· 61
第六节 本章小结 ·········· 65

翻 译 篇

第五章 英语虚拟位移构式汉译技巧研究 ·········· 69
第一节 引 言 ·········· 69
第二节 英语虚拟位移位移主体的汉译技巧 ·········· 70
第三节 英语虚拟位移位移行为的汉译技巧 ·········· 75
第四节 英语虚拟位移位移路径的汉译技巧 ·········· 80
第五节 英语虚拟位移位移方式的汉译技巧 ·········· 89
第六节 英语虚拟位移时间量和距离量的汉译技巧 ·········· 97
第七节 本章小结 ·········· 100

第六章　汉语虚拟位移构式英译技巧研究 …… 102
第一节　引　言 …… 102
第二节　汉语虚拟位移位移主体和参照框架的英译技巧 …… 103
第三节　汉语虚拟位移位移行为的英译技巧 …… 115
第四节　汉语虚拟位移位移路径的英译技巧 …… 132
第五节　汉语虚拟位移位移方式的英译技巧 …… 144
第六节　汉语虚拟位移时间量和距离量的英译技巧 …… 148
第七节　本章小结 …… 150

实 证 篇

第七章　中国英语学习者习得英语虚拟位移构式实证研究 …… 155
第一节　引　言 …… 155
第二节　英汉虚拟位移构式对比研究 …… 156
第三节　研究设计 …… 157
第四节　研究结果 …… 161
第五节　研究讨论 …… 166
第六节　本章小结 …… 169

第八章　英语母语者习得汉语虚拟位移构式实证研究 …… 171
第一节　引　言 …… 171
第二节　研究设计 …… 171
第三节　研究结果 …… 174
第四节　研究讨论 …… 181
第五节　本章小结 …… 185

第九章　结论 …… 188
第一节　引　言 …… 188

第二节　研究结论……………………………………………… 190
　　第三节　研究启示……………………………………………… 196

参考文献………………………………………………………… 199

理论篇

第一章 概 论

第一节 引 言

在英语语言中，我们经常遇到类似下列的语言表达式：

(1) The athlete *runs* through the valley.

(2) His moods *run* between ecstatic and morose.

(3) The highway *runs* through the valley.

(Matlock，2001：2—3)

从上述三个语言表达式，我们可以看到，动词都是"run"（跑），但描述的主体特征却大不相同。例（1）的主语是"athlete"（运动员），是可位移的人，自身可以发出"run"这个位移行为。这种使用位移动词描述位移主体的物理空间位移变化的句子称为真实位移句。例（2）的主语是"mood"（心情），不是可位移的人或动物，却用了位移动词"run"对其进行描述。实际上，这类句子大量存在于英语中，这是因为空间位移信息通常可以投射到其他抽象的领域中。就例（2）而言，从一个位置到另一个位置的空间位移被投射到了从狂喜（ecstatic）到郁闷（morose）的心情变化中，体现了"变化即位移"（change-is-motion）的概念隐喻。(Lakoff，1987；Lakoff & Johnson，1980，1999) 例（3）

的主语是"highway"(公路),是空间上不可移动的物体,却用了位移动词"run"来描述其空间关系。这类表达同样也是英语的常用表达式,只是我们对其习焉不察。直到Talmy于20世纪七八十年代首先注意到这一特殊的语言现象,并于1983年把这一语言现象称为"virtual motion"(拟真位移),于1996年使用"fictive motion"(虚拟位移)这一术语,并于2000年对此语言现象做了系统的分类研究和深入的论述。(Talmy,1975,1983,1996,2000a,2000b)事实上,以上三个例句代表了三种位移动词常用的句型,我们称之为"真实位移""非空间虚拟位移""虚拟位移"。类似的表达如:

(4) The bus *goes* from Watsonville to Capitola.
(5) Her health is *going* from bad to worse, isn't it?
(6) The fence *goes* from Watsonville to Capitola.

(Matlock,2001:2—3)

例(4)—(6)的位移动词都是"go"(走),但用于三种不同的句型结构中。例(4)属于真实位移,因为其主语"bus"(公交车)是可以移动的主体。例(5)属于非空间虚拟位移,位移动词"go"描述的不是空间的变化,而是身体健康状况的变化。例(6)则属于虚拟位移,因为其位移主体"fence"(栅栏)是空间上不可移动的主体。

当然,虚拟位移不仅出现在英语中,还出现在大多数其他语言中。汉语虚拟位移也普遍存在。如:

(7) 小巷弯弯曲曲地爬上山坡,两旁都是古旧的房子,在街坊的指引下,她们朝巷子的深处走去。(《五星饭店》,转引自李雪,2009:132)
(8) 长城在崇山峻岭之间蜿蜒盘旋。

例(7)使用了位移动词"爬"描述了不可位移的主体"小巷",例(8)则使用了位移动词"盘旋"描述了不可移动的主体"长城",且两句描述的都是空间关系,因此例(7)和例(8)是汉语虚拟位移表达式。

本书的研究对象为空间上的虚拟位移,因此不包含类似例(2)和例（5）的非空间虚拟位移。

在下一节，我们将首先简要介绍虚拟位移的定义和分类，并从理论研究、翻译研究和实证研究三大维度对虚拟位移的研究现状进行综述。

第二节　虚拟位移的定义

如前所述，Talmy 早在 1975 年就注意到了虚拟位移这一特殊的语言现象并对其进行了深入的研究。自此以后，虚拟位移成了认知语言学、心理语言学、认知科学等相关领域的热门研究课题。然而，关于以上所提到的虚拟位移的语言表达式，国内外学者使用的术语并未统一，并且同一术语所指代的研究范围也不完全一致，因此我们有必要对其进行梳理。

在国外，描述虚拟位移语言现象的术语包括 virtual motion，fictive motion，abstraction motion，subjective motion 等。Talmy（1983）最早把这种特殊的语言现象称为"拟真位移"（virtual motion），1996 年开始将其定义为"虚拟位移"（fictive motion）。Langacker（1987，1991，1999）使用的术语包括"拟真位移"（virtual motion）、"抽象位移"（abstraction motion）和"主观位移"（subjective motion）。Matsumoto（1996a，1996b，1996c，1997）使用的术语是"主观位移"（subjective motion）。而 Matlock（2004a，2004b）使用的术语是"模拟位移"（simulated motion）。需要注意的是，虽然 Talmy 和 Langacker 都曾用"拟真位移"（virtual motion）这一术语指称这一语言现象，但两人指称的对象其实不完全一致。Talmy 所说的"拟真位移"，即现在所称的"虚拟位移"，主要指他所列出的六大类空间上的虚拟位移（将在下一节进行详细介绍）。而 Langacker（1987，1990）所说的"拟真位移"研究范围更广，除了指称 Talmy 的"虚拟位移"表达式外，还包括类似例（2）"His moods *run* between ecstatic and morose."这一类主体是心理状态而非物理空间事物的"非空间虚拟位移"。同样，虽然 Langacker 和 Matsumoto 都使用"主观位移"（subjective motion）这一术语，但

Langacker（2002）的"主观位移"指称的并不是语言表达式，而是主观识解（construal）的方式，"主观位移"这一术语主要用于解释虚拟位移这一语言现象。而 Matsumoto 所说的"主观位移"语言表达式，等同于 Talmy 所说的"虚拟位移"语言表达式，但更多的时候专指延伸位移路径（coextension/coverage paths）虚拟位移表达式。

　　国内学者主要引进国外的理论，对描述虚拟位移现象的术语翻译方式也各不相同。早期的时候，国内学者将其翻译为虚拟位移（邓宇，2012；李亚培，2011）、虚构运动（范娜，2011，2012；邓宇，2013）、想象性运动（李雪，2009）、主观位移（黄华新、韩玮，2012）、语言的虚构现象（谢应光，2012）和虚拟位移（陶竹、毛澄怡，2011；李秋杨，2012；钟书能，2012；杨静，2013；晏诗源、李秋杨，2013；范娜，2014）。随着越来越多的学者对这一语言现象进行深入研究，近年来，学者们似乎达成了共识，将其统一称为虚拟位移（钟书能、黄瑞芳，2015a，2015b；钟书能、傅舒雅，2016；黄瑞芳，2016；余立祥，2016，2017；傅舒雅，2017；赵佳慧，2017；汪燕迪，2017；赵晨雪，2017；钟书能、赵佳慧，2017；钟书能、刘爽，2017；钟书能、汪燕迪，2017；苏远连，2017；吴丽，2017；余立祥，2017；汪燕迪，2017；白雪飞，2018；王霞，2018；陶竹、王金铨，2019）。因此，本书拟采用 Talmy 的术语和大多数学者统一的翻译方式，将这一特殊的语言现象称为 fictive motion（虚拟位移）。

　　关于虚拟位移的定义，国外学者一般认为，虚拟位移是一个物体或一种抽象概念在空间中发生的隐喻化运动。（Ramscar, Boroditsky & Matlock, 2009；Matlock, 2004）Talmy（1983）用两种认知表征方式对虚拟位移的定义进行了阐释。Talmy（1983）指出，人的语言认知系统和视觉认知系统具有很大的相似性。人们在面对同一个实体时同时产生两种相互矛盾的认知表征——"叙实表征"（factive representation）和"虚拟表征"（fictive representation）。这里的"叙实"和"虚拟"是一组相对的概念，叙实表征说明其真实性相对较高，而虚拟表征真实性较低，通常指人的认知想象能力。在视觉感知系统中，叙实表征指所看到的东西，而虚拟表征则指所感知到的东西。而体现在虚拟位移语言表达式中，叙实表征指说话人或听话人对语言所描述事物的一种信念，虚拟表征则指句子的字面意义。如在例（3）"The highway *runs* through the valley."这一虚拟位移表达中，我们关于高速公路（highway）是物理空间上静止的实体这一信念，就是叙实表征。但在说话时，却用了位移动词 run 描述了本来静止的高速公路，这是人的认知想象能力投射到语言的体现，这一语言表达式就称为虚拟表征。因此，虚拟位移表达实际上融合了对于主体的叙实表征和虚拟表征，以一定的空间组织方式赋予了一个静止的实体以位移的特征。体现在语言形式上，虚拟位移的定义为：用位移动词描述静态物体的空间关系。本书采用 Talmy 对于虚拟位移的这一定义。

第三节 虚拟位移的分类

Talmy（2000a：99—176）对英语虚拟位移进行了系统的分类研究。Talmy 根据英语中虚拟位移运动路径的特点，总结出六种虚拟位移类型：发射位移路径（emanation paths）虚拟位移、模式位移路径（pattern paths）虚拟位移、相对框架运动（frame-relative motion）虚拟位移、出现位移路径（advent paths）虚拟位移、通达位移路径（access paths）虚拟位移和延伸/覆盖位移路径（coextension/coverage paths）虚拟位移。其中，发射位移路径虚拟位移相对复杂，其下又包括五小类虚拟位移，分别是：方向位移路径（orientation paths）虚拟位移、辐射位移路径（radiation paths）虚拟位移、影子位移路径（shadow paths）虚拟位移、感知位移路径（sensory paths）虚拟位移和交际位移路径（communication paths）虚拟位移[①]。方向位移路径虚拟

[①] 国内学者对 emanation paths, pattern paths, frame-relative motion, advent paths, access paths, coextension/coverage paths 这几个分类的译名各异，本章统一翻译为发射位移路径虚拟位移、模式位移路径虚拟位移、相对框架运动虚拟位移、出现位移路径虚拟位移、通达位移路径和延伸/覆盖位移路径虚拟位移，但在综述其他学者的文献时，仍采用原作者的译名。

位移又进一步分为面向位移路径（prospect paths）虚拟位移、对准位移路径（alignment paths）虚拟位移、指引位移路径（demonstrative paths）虚拟位移、定向位移路径（targeting paths）虚拟位移和调向位移路径（line of sight）虚拟位移五小类。具体分类和例句可参看表1。

表 1 Talmy 对虚拟位移表达的分类

虚拟位移类型	次类型	子类型	例句
Emanation paths 发射位移路径	Orientation paths 方向位移路径	Prospect paths 面向位移路径	The cliff wall faces toward the valley.
		Alignment paths 对准位移路径	The snake is lying toward the light.
		Demonstrative paths 指引位移路径	The arrow on the signpost pointed toward the town.
		Targeting paths 定向位移路径	I pointed into the living-room.
		Line of sight 调向位移路径	I quickly looked down into the well.
	Radiation paths 辐射位移路径		The light is shining onto the back wall of the cave.
	Shadow paths 影子位移路径		The shadow of the pole fell on the wall.
	Sensory paths 感知位移路径		I looked out past the steeple.
	Communication paths 交际位移路径		She whispered the answer into his ear.
Pattern paths 模式位移路径			As I painted the ceiling, (a line of) paint spots slowly progressed across the floor.
Frame-relative motion 相对框架运动			I sat in the car and watched the scenery rush past me.
Advent paths 出现位移路径			The palm trees clustered together around the oasis.

续表

虚拟位移类型	次类型	子类型	例句
Access paths 通达位移路径	The bakery is across the street from the bank.		
Coextension/ Coverage paths 延伸/覆盖位移路径	The fence goes from the plateau to the valley.		

在以上六大类虚拟位移中，延伸/覆盖位移路径（coextension/coverage paths）虚拟位移是国内外学者们最为关心的虚拟位移原型（Matsumoto，1996a；Rojo & Valenzuela，2003；铃木裕文，2005；Matlock，2001，2004a，2004b，2006，2010；Matlock & Richardson，2004；Richardson & Matlock，2007；范娜，2011，2012；李秋杨，2014；杨静，2013；钟书能、黄瑞芳，2015a，2015b；钟书能、傅舒雅，2016；黄瑞芳，2016；傅舒雅，2016；赵佳慧，2017；汪燕迪，2017；钟书能、赵佳慧，2017；钟书能、汪燕迪，2017；白雪飞，2018）。Talmy（1983）把这一类型的虚拟位移称为"拟真位移"（virtual motion）。同年，Jackendoff 将其称为"延伸"（coextension）。Langacker（1987）称之为"抽象运动"（abstraction motion）。Matsumoto（1996a）称之为"主观运动"（subjective motion），并对英语和日语的这类虚拟位移表达进行了对比研究，基于 Matsumoto 的研究，Rojo & Valenzuela（2003）对比了英语和西班牙语的这类虚拟位移表达。铃木裕文（2005）则研究了日汉相对框架运动虚拟位移和延伸路径虚拟位移的异同点。Matlock 和她的同事通过一系列的实验证实了延伸路径虚拟位移的心理现实性。（Matlock，2001，2004a，2004b，2006，2010；Matlock & Richardson，2004；Richardson & Matlock，2007）

由于大多数学者主要关注延伸路径虚拟位移表达，因此，针对这类型虚拟位移表达的分类研究也尤为重要。目前，Matsumoto（1996a），Matlock（2004a）和钟书能、黄瑞芳（2015）对延伸路径虚拟位移表达进行了进一步的分类研究。

Matsumoto（1996a）把延伸路径虚拟位移进一步分为三种：sight

motion（视点位移）、hypothetical motion（假设位移）和 actual motion（现实位移）。如：

(9) The mountain range goes from Canada to Mexico.

(10) The highway enters California there.

(11) The road went up the hill (as we proceeded).

(Matsumoto, 1996a: 360)

视点位移的位移主体是人类不能通行的实体, 如例（9）中的"山脉"(mountain range), 人可以在山上穿行, 但却不能在山脉上通行。而假设位移的移动主体是可以通行的实体, 如例（10）中的"高速公路"(highway), 人可以在高速公路上行走。与视点位移和假设位移相比, 现实位移客观性最强, 指特定的人在特定时间内的位移, 如例（11）, 位移动词通常使用除一般现在时之外的其他时态。其特点接近真实位移。在这三类延伸路径虚拟位移中, 假设位移是其原型。Matsumoto (1996a) 基于此分类进一步研究了英语虚拟位移的路径和方式特征。

Matlock (2004a) 则把延伸路径虚拟位移分为类型一虚拟位移和类型二虚拟位移。分类的标准主要基于位移主体的特征。如：

(12) The trail runs through the woods. (Matlock, 2004a: 1395)

(13) The highway crawls through the city. (Matlock, 2004b: 231)

(14) *The flower bed races along the back fence. (Matlock, 2004b: 233)

(15) *The underground cable crawls from Capitola to Aptos.

(Matlock, 2004b: 233)

类型一虚拟位移的位移主体具有以下特征：1) 必须是空间上可延伸的线性物体；2) 与"运动"的理想化认知模型 (Idealized Cognitive Model) 具有转喻关系；3) 可以使用方式动词对其进行描述。如例 (12) 的主语："小径"(trail) 和例 (13) 的主语"公路"(highway) 都是空间上可延伸的线性物体，并且与"走"和"开车"等运动具有事件转喻关系，例（12）使用了方式动词"跑"描述主体"小径"，例（13）用方式动词"爬"（crawl）描述了主体"公路"。完全符合类型一虚拟位移的特征，因此，例（12）和（13）属于类型一延伸路径虚拟位移表达。

类型二虚拟位移的位移主体具有以下特征：1）必须是空间上可延伸的线性物体；2）具有不可通行性，与运动无关；3）不允许使用方式动词对主体进行描述。例（14）和（15）的主语"花坛"（flower bed）和"地下电缆"（underground cable）与运动无关，方式动词"竞赛"（race）和"爬"（crawl）不能被识解，因此是不恰当的虚拟位移表达。

钟书能、黄瑞芳（2015）根据移动主体与移动行为的主观性程度，借鉴 Matsumoto（1996b：360）对延伸路径虚拟位移的分类，将延伸路径虚拟位移进一步分为主观性虚拟位移、原型性虚拟位移和准真实虚拟位移，对应 Matsumoto（1996b）的视点位移、假设位移和现实位移。主观性虚拟位移是一种高度纯粹的主观位移，位移主体一般是不可通行（untravellable）的实体，一般通过视点对概念主体进行心理扫描，如例（9），车不能在山脉上通行，只能是人的视线进行主观的心理扫描，呈现位移的状态。原型性虚拟位移是虚拟位移中的原型，是任意主体在任意时间内的位移。位移主体是可通行的实体，如例（10），车可以在公路上通行。准真实虚拟位移表达的是一个特定的移动主体在特定时间内的位移，介于真实位移与虚拟位移之间，如例（11）。

第四节　虚拟位移研究综述

近年来，越来越多的学者关注虚拟位移语言现象，至此，国内外学界对虚拟位移现象的研究面很广，涉及了虚拟位移的定义探讨、分类研究，虚拟位移要素的特征研究，虚拟位移机制的认知阐释，真实位移和虚拟位移的认知对比研究，虚拟位移的跨语言对比研究、翻译研究和实证研究等，关涉到移动事件框架理论、Talmy 对世界语言的分类和词汇化模式、构式语法理论等。在了解了虚拟位移的定义和分类的基础上，本节将从理论研究、翻译研究和实证研究三大维度对虚拟位移的研究现状进行综述。

4.1 虚拟位移理论研究

综合已有研究，虚拟位移的理论研究主要包括对虚拟位移的定义探讨、分类研究、认知机制探讨、特征要素研究和跨语言对比研究。为更好地阐述，本小节将从国外研究和国内研究两方面分别进行梳理。

4.1.1 国外虚拟位移理论研究

Talmy（1975，1983，1996，2000a，2000b），Langacker（1986，2001，2002，2005，2007）和 Fauconnier（1997）等学者的研究成果奠定了虚拟位移理论研究的基础。其中，Talmy 的贡献最大。他最早注意并深入研究虚拟位移这一特殊的语言现象，并对虚拟位移的定义和分类进行了详细的描写，并提出移动事件框架理论（Talmy，2000a，2000b）。Langacker，Fauconnier 等学者紧跟其后，也开始关注这一现象，从不同角度切入，丰富了虚拟位移的理论研究。Langacker（2005，2007）从认知语法和语言动态性的角度，以主观识解为切入点，用心理扫描对虚拟位移语言现象进行了认知阐释。Langacker（1986，1999，2001，2002，2005，2007）认为，意义即概念化，而由于概念化本质上是动态的过程，因此意义也具有动态性，即语言表达式的意义一方面取决于其表达的字面内容，另一方面主要取决于认知主体对语言结构表达式的识解[①]。因此，同一客观情景，认知主体如果采用不同的识解角度，将导致语言表达结构和意义的不同。虚拟位移虽然并不产生实际的物理位移，但说话人或听话人可以在心理上对认知对象沿着一个位移路径进行扫描，形成大脑的模拟位移。Fauconnier（1997）也把重点放在

[①] 识解指对同一情景的不同识别认知能力（the ability to conceive the same situation in alternate ways）(Langacker, 1987a: 13)。

了对虚拟位移语言结构的认知阐释上，但 Fauconnier 主要从心理空间和概念整合理论角度对虚拟位移现象进行认知分析，认为虚拟位移表达的理解过程实际上是一个概念整合的过程。在对虚拟位移表达的定义、分类和认知阐释研究的基础上，越来越多国外学者开始关注虚拟位移的跨语言对比研究。其比较的语言涉及英语和日语（Matsumoto，1996a，1996b，1996c，1997），英语和西班牙语（Rojo & Valenzuela，2003），泰语和日语（Takahashi，1998），英语和泰语（Takahashi，2000，2001），汉语和日语（铃木裕文，2005）等。Matsumoto（1996a，1996b，1996c，1997）最早进行了虚拟位移的跨语言对比研究，从此掀起了虚拟位移的跨语言对比研究之风。Matsumoto（1996a）将虚拟位移现象称为"subjective motion"（主观运动），比较研究了英语和日语的"主观变化"（subjective change）[①]、通达位移路径虚拟位移和延伸位移路径虚拟位移。其中英、日延伸位移路径虚拟位移对比研究的结果意义最大。Matsumoto（1996c）指出，英、日延伸位移路径虚拟位移的不同点在于：不可通行的位移路径，如墙和篱笆，不能作为日语延伸位移路径虚拟位移的主体；而可通行和不可通行的位移路径都可以作为英语延伸位移路径虚拟位移的主体。而两者的相同点是，两种语言的延伸位移路径虚拟位移表达都必须遵循"位移路径条件"和"位移方式条件"。往后对虚拟位移的对比研究基本上都基于 Matsumoto 的研究成果。

Rojo & Valenzuela（2003）在 Matsumoto 研究的基础上，对比研究了英语和西班牙语延伸位移路径虚拟位移。他们的研究问题包括：1）英语和西班牙语在真实位移句中的差异是否也显现在两者的延伸位移路径虚拟位移表达中？2）英、西延伸位移路径虚拟位移的异同点与 Matsumoto 所发现的英、日延伸位移路径虚拟位移的异同点是否一致？为回答问题 1），Rojo & Valenzuela（2003）主要分析了西班牙语译者在翻译英语延伸位移路径虚拟位移表达时，对方式信息和位移路径信息的

[①] "主观变化"主要是指描述概念构建者注意力变化的句子，通常会对一个物体的两个部分进行比较。如"The road widens at the junction"。

处理情况。研究结果发现，与翻译真实位移句相比，译者更忠实于原文，降低了省略方式信息，并简化了复杂位移路径信息的频率。为回答问题2），Rojo&Valenzuela（2003）采用了图片诱发产出实验，研究结果发现，尽管英语和西班牙语归属不同类型的框架语言（英语属于附加语框架语言，西班牙语属于动词框架语言），两者在使用位移路径动词表达延伸位移路径虚拟位移的频率上并无差异。并且和英语一样，在西班牙语中，可通行和不可通行的位移路径都可以作为延伸位移路径虚拟位移的主体。

　　Takahashi（1998）对比研究了泰语和日语出现位移路径虚拟位移［Takahashi称之为结果虚拟位移（resultative fictive motion）］和延伸路径虚拟位移［Takahashi称之为"潜在虚拟位移"（potential fictive motion）］的语义特征和功能。Takahashi（2000）基于虚拟位移理论和理想化认知模型（ICM），以英语发射位移路径虚拟位移为基础，通过搜集、分析和总结泰国文学作品中出现的发射位移路径虚拟位移表达，对泰语发射位移路径虚拟位移进行了系统的分类研究，并探究了发射位移路径虚拟位移各子类的句法结构。Takahashi（2001）进一步对英、泰通达位移路径虚拟位移表达的语义结构进行了对比研究。Takahashi的研究涉及了泰语的出现位移路径、延伸位移路径、发射位移路径和通达位移路径虚拟位移表达，打破了以往学者只着重探究延伸位移路径虚拟位移的限制。其研究还涉及了日语和泰语、英语和泰语的对比研究，增加了跨语言对比研究的语言种类。Takahashi还首次系统地研究了除英语之外的其他语言的发射位移路径虚拟位移表达。因此，Takahashi的研究为未来虚拟位移的研究提供了一个新的研究思路和方向。

　　铃木裕文（2005）对比研究了日语和汉语在相对框架运动虚拟位移和延伸位移路径虚拟位移表达的相同点和不同点。研究发现，日语和汉语都可以使用相对框架运动虚拟位移句表达视觉主体与视觉对象擦肩而过的相对位移关系；日语相对框架运动虚拟位移句可以表达视觉主体接近或离开视觉对象的相对位移关系，但汉语相对框架运动虚拟位移句想要表达这种相对位移关系则要受到处所词或方位词等条件的制约。铃木裕文（2005）研究了英、日、汉三种情况的延伸位移路径虚拟位移表达，发现英语和日语都存在表达位移主体的实际位移、假想物体的位移和认知主体注意力焦点的位移这三种延伸位移路径虚拟位移句，而汉语只存在表达假想物体位移的延伸位移路径虚拟位移句，并且往往不可添加时间副词。

从以上研究我们可以看出，国外虚拟位移的理论研究主要包括对虚拟位移定义的探讨和系统的分类研究、对虚拟位移认知机制的探讨和虚拟位移的跨语言对比研究。其中，跨语言对比研究的成果最丰富，涉及对比的语种包括：英语和日语（Matsumoto，1996a，1996b，1996c，1997），英语和西班牙语（Rojo & Valenzuela，2003），泰语和日语（Takahashi，1998），英语和泰语（Takahashi，2000，2001），汉语和日语（铃木裕文，2005）。基本上都以英语为基准，探讨其他语言虚拟位移表达与英语虚拟位移表达的异同点，只有Takahashi（1998）的研究更换了研究参照点，探讨了泰语和日语出现位移路径虚拟位移和延伸路径虚拟位移语义特征和功能的异同点。我们还发现，国外对汉语虚拟位移表达的研究鲜有涉及，因此，国内在基于以上国外研究的基础上，开始对英语和汉语虚拟位移表达进行深入探究。

4.1.2　国内虚拟位移理论研究

纵观国内的研究，我国学者对虚拟位移现象的关注始于2008年，最早以介绍和引进Talmy，Langacker等学者的理论为主，随之开始探讨汉语虚拟位移现象，主要研究了Talmy（2000：103—128）所提出的六大类虚拟位移是否都能在汉语中找到对应的表达式（李雪，2009；陶竹、毛澄怡，2011）。大多数学者对比研究了汉、英虚拟位移构式的语义特征和功能（李亚培，2011；黄华新、韩玮，2012；韩玮，2012；晏诗源、李秋杨，2013；范娜，2014）。总结来说，国内学者对于虚拟位移语言现象的理论研究主要集中在以下几方面：

4.1.2.1　虚拟位移的类型学研究

国内对虚拟位移分类研究的基础均源于本章第三节所提到的Talmy

对虚拟位移的六大分类。国内学者主要探讨了 Talmy 所提出的六大类虚拟位移是否都能在汉语中找到对应的表达式。李雪（2009）的研究表明，汉语也存在相应的发射位移路径、相对框架运动、出现位移路径、延伸位移路径、交际位移路径型的虚拟位移，但没有提及汉语是否存在模式位移路径虚拟位移和通达位移路径虚拟位移，并错误地把原本从属于发射位移路径虚拟位移的交际位移路径虚拟位移当作一个独立的大类进行研究。陶竹、毛澄怡（2011）在李雪研究的基础上，补充研究了汉语通达位移路径虚拟位移和模式位移路径虚拟位移，发现汉语存在模式位移路径虚拟位移，而是否存在通达位移路径虚拟位移表达则有待进一步的研究。总结而言，国内学者对虚拟位移的分类研究还不够全面，大多数研究并没有穷尽 Talmy 的分类，并且一般只涉及对大类的研究，很少有学者的分类研究会包含小类；另一方面，许多学者往往把发射位移路径虚拟位移中的小类当作大类来描写。由此可见，汉语虚拟位移的类型学研究还有待发展与完善。

4.1.2.2 虚拟位移的认知阐释

国内学者对虚拟位移的认知机制探讨主要基于 Lakoff 和 Johnson（1980，1999）提出的隐喻和转喻理论、Langacker（2005，2007）的认知动态性和心理扫描理论、Turner 和 Fauconnier（1995）的心理空间和概念整合理论。李雪（2009）从语言和感知、认知动态倾向性以及隐喻和转喻的认知机制对"想象性位移"进行了认知阐释。邓宇（2012）在已有虚拟位移研究的基础上，以"心"类虚拟位移表达为例，从隐喻和概念整合的角度探讨了英汉心理活动虚拟位移表达的认知机制。黄华新和韩玮（2012）探讨了主观位移句的形成理据，认为是概念转喻、概念映射和概念整合、完型心理等认知操作在起作用。范娜（2014b）从概念整合和转喻的角度探讨了延伸位移路径、临现位移路径和指示位移路径虚拟位移表达的认知机制。

4.1.2.3 虚拟位移构式的语义特征研究

根据 Talmy（1983，1996，2000a）的研究，位移事件主要包括位移主体、位移、位移路径和位移参照框架四个主要的语义要素和原因、方式两个典型的次事件要素,而虚拟位移属于特殊的位移事件,同样包含这些语义要素。因此,不少学者或是通过对比真实位移事件和虚拟位移事件的表达,或是对比英汉语的虚拟位移事件的表达,研究了虚拟位移各个构成要素的语义特征。李亚培(2011)以 Tamly 的运动事件为理论框架,从凸像与背衬、位移方式、位移路径这几方面,分析了汉语虚拟位移表达的语言结构特点。黄华新、韩玮(2012)主要探讨了共延路径型主观位移事件中凸像、路径和方式三个要素的语言编码特点及其理据。他们认为可以作为共延路径型主观位移句中凸像的实体只能是"线"类实体和"面"类实体,路径信息必须体现在汉语的主观位移句中,而运动方式不能体现在汉语主观位移句中,除非运动方式用来表明路径特征。晏诗源、李秋杨(2013)以延伸路径虚拟位移为研究对象,考察了英汉虚拟位移表达中位移主体的特征。研究发现,不可通行性位移主体不能用于日语虚拟位移句,而可通行性和不可通行性位移主体都能用于英语和汉语的虚拟位移句。除此之外,虚拟位移事件的位移主体选择涉及更多方面,[＋长方形][＋空间延伸性]语义特征也是英汉虚拟位移主体选择标准。范娜(2014)结合 Talmy 和 Fillmore 对运动事件认知模式的研究,研究了汉语和英语指示路径虚拟位移所包含的五个位移运动事件认知要素:位移主体、位移、路径、方式、持续时间和距离的语义特点。钟书能、傅舒雅(2016a)和钟书能、赵佳慧(2017)的研究结果发现,真实位移句和虚拟位移句对位移主体的要求不一样,真实位移句的位移主体可以是任何具有[＋位移]语义特征的物体;而虚拟位移句的位移主体通常是具有[－位移]语义特征的物体,但并不是所有不可位移的物体都可以充当延伸位移路径虚拟位移的位移主体。具体而言,可以进入英语延伸位移路径虚拟位移句充当位移主体的实体大致包括以下三类:1)与"位移"ICM 有转喻关系的线状物体(如"道路");2)与"位移"ICM 无转喻关系的线状物体(如"海岸线");3)可延展的"面"类物体(如"院子")。此外,能够充当英语延伸位移路径虚拟位移句位移主体的实体也能充当汉语延伸位移路径虚拟位移句的位移主体,两种语言在位移主体的语义特征上没有差异。但范娜

(2014a)指出,在指示位移路径虚拟位移句中,汉语中的位移主体比英语中的位移主体具有更高的抽象度。至于位移路径特征,英语虚拟位移句的位移路径信息可以体现在附加语、位移路径动词和介词上,而汉语虚拟位移句的位移路径信息则可以由趋向动词、位移路径动词、介词等进行编码。汉语和英语一样,遵循"位移路径条件"。但英语虚拟位移句对位移路径的描写比汉语更细致,其附加语经常叠用在方式动词之后提供详细的位移路径信息。关于方式特征,研究发现,英汉虚拟位移句都遵循"位移方式条件"。但在位移方式信息的具体表征上,两者存在差异,方式信息在英语虚拟位移句中的凸显度和集中度更高。

4.1.2.4 虚拟位移的跨语言对比研究

国外鲜有学者涉及英汉虚拟位移的对比研究,国内学者补充了这一研究的空白,进行了大量的英汉虚拟位移构式的对比研究(李雪,2009;范娜,2011,2014;李亚培,2011;韩玮,2012;晏诗源、李秋杨,2013;钟书能、黄瑞芳,2017;钟书能、傅舒雅,2017)。李雪(2009)主要探讨了汉语是否同样存在英语语言表达中常见的想象性运动类型(放射型、框架相对型、出现路径型、延伸路径型和交际路径型)的表达。范娜(2011)以延伸路径虚拟运动为研究对象,介绍了Matsumoto提出的英语延伸路径虚拟运动表达中的"路径条件"和"方式条件",通过对比汉语的虚拟运动表达,发现汉语虚拟运动表达也存在"路径条件",但对方式条件的结论提出质疑。汉语语料表明,方式并不一定要排除在表达之外,在有些情况下,方式还可以用来表明假想的运动客体(如人或车)的运动方式。韩玮(2012)在其博士论文中对英汉主观位移句进行了详细的对比研究,研究发现,英语和汉语两种语言在主观位移构建上既有相同点,又有不同点。相同点表现在凸像选取、路径条件和方式条件上。英汉主观位移句中的凸像表现出类似的特点,在分布上表现出类似的模式。英汉主观位移句都遵守路径条件和方式条件。不同点体现在对路径和方式的具体表征上。英语主观位移句对路径描写得更为细致,表现为单个动词携带更多的背衬信息和对路径做更细致的切分。与汉语主观位移句相比,方式在英语主观位移句中凸显度更高。方式信息在英语主观位移句里出现得频率高、范围广。晏诗源、李秋杨（2013）以延伸路径虚拟位移为研究对象，在 Matsumoto 对英日位移主体特征的对比研究的基础上，考察了英汉虚拟位移表达中位移主体的特征。研究发现不可通行性位移主体不能用于日语虚拟位移句，而可通行性和不可通行性位移主体都能用于英语和汉语的虚拟位移句。除此之外，虚拟位移事件的位移主体选择涉及更多方面，[＋长方形][＋空间延伸性]语义特征也是英汉虚拟位移主体选择标准。范娜（2014）对汉语和英语指示路径虚拟位移中包含的五个认知要素——位移主体、位移、路径、方式、持续时间和距离——进行了研究，发现：汉语中的位移主体比英语中的位移主体具有更高的抽象度，汉语和英语中的位移都是对位移路径的说明，路径条件和方式条件在汉语和英语中同时存在，而持续时间的表述从根本上是对位移距离的说明。钟书能、黄瑞芳（2017）和钟书能、傅舒雅（2017）对比研究了虚拟位移主体、路径、方式、时间/距离特征，结果显示，英汉虚拟位移的主体都应具备[－生命性]、[－位移性]、[＋空间延展性]、[＋长方形]和[＋连贯性]语义特征。英汉虚拟位移主体的差异主要体现在对时间与距离的表达上，其原因主要是，英语是时间性凸显语言，而汉语是空间性凸显语言，因此英语虚拟位移倾向时间的表达，而汉语则倾向空间的表达。再者，英汉虚拟位移主体在动词的选用上也有一定的差异：汉语位移主体倾向使用路径动词并抑制选用方式动词，而英语位移主体在两者上均有一定频率的使用，但两者都遵循 Matsumoto（1996a）提出的"路径条件"和"方式条件"。

4.2　虚拟位移翻译研究

根据有限的文献，我们发现，国外鲜有学者涉及虚拟位移结构的翻译研究。而国内对于英汉虚拟位移翻译的探讨也相对较少。钟书能（2012b）研究了虚拟位移表达的翻译策略，其研究重点是把虚拟位移结构或表达看作一种语法构式，认为虚拟位移构式具有"通过把实际物理空间的位移投射到心理空间，认知主体在认知对象上沿着某个位移路径进行位移"这样的语用含意或构式语义。在此基础上，他提出了可以从时态、构式以及主观性三个方面选择翻译策略。但钟书能（2012b）的研究仅停留在理论探讨的层面上，并没有提出具体的翻译技巧，似有挂一漏万之嫌。赵佳慧（2017）研究了英语虚拟位移构式的汉译技巧，而汪燕迪（2017）则具体探讨了汉语虚拟位移构式的英译技巧。钟书能、黄瑞芳（2018）通过自建小型双语语料库，从虚拟位移构式的各要素出发，同时探讨了英汉虚拟位移的互译技巧，丰富了虚拟位移的翻译研究。

4.3　虚拟位移实证研究

4.3.1　国外虚拟位移实证研究

国外虚拟位移的实证研究主要探讨虚拟位移的心理现实性。其中以Matlock（2001，2004b）的实证研究最为典型。Matlock（2001，2004b）采用阅读—判断任务（反应时研究方法）探究了受试在理解延伸位移路径虚拟位移时是否在大脑里模拟位移。结果显示，受试在阅读了位移距离较短、位移速度较快、位移场地较平缓易行的故事后对虚拟位移句的反应时间比阅读了距离长、速度慢、地形较崎岖难行的情景后对虚拟位移句的反应时间短。通过设置对照组，Matlock（2001，2004b）发现这种反应时间差异并不存在于判断与上述实验具有相同语义的非虚拟位移句中。这一实验结果说明了虽然虚拟位移并没有表达真实的空间位移，但人们在处理虚拟位移句时，会在大脑里模拟位移。

Matlock（2006）采用画图任务进一步探究了延伸位移路径虚拟位移的概念结构。结果显示，在语义相同的情况下，受试把虚拟位移句的主体画得比非虚拟位移句的主体长，并且方式信息会影响受试对虚拟位移主体的识解，方式动词所表达的速度越快，对应的虚拟位移句的主体就被画得越长、越细、越直。画图任务的结果说明了受试在处理虚拟位移句时进行了心理模拟位移，进一步证实了虚拟位移的心理现实性。

为了探究虚拟位移和真实位移之间的关系，Matlock和她的同事

(Boroditsky & Ramscar, 2002) 进行了一系列有关时间和位移的调查。研究表明，实验受试对空间的构念会影响其对时间的理解。Matlock 等（2003）研究了实验受试对虚拟位移句的理解是否会影响其对时间的理解。两组受试先分别阅读虚拟位移句和非虚拟位移句，然后被要求回答模棱两可的时间问题："下星期三的会议提前了两天，那现在是星期几开会？（Next Wednesday's meeting has been moved forward two days. What day is the meeting now that it has been rescheduled?）"结果，发现受虚拟位移句"启动"的实验受试更倾向于回答"星期五"[①]（占70%）；而受非虚拟位移句"启动"的实验受试的回答几乎没有差异（51% 的受试回答星期五，49% 的受试回答星期一）。Matlock 等（2005）通过变换启动的任务又继续做了一系列类似的实验，结果都证实人们对虚拟位移句的理解会影响其对时间的理解，从而说明人们在处理虚拟位移句时，进行了心理模拟位移。Matlock 和 Richardson（2004）利用眼动仪分别研究了处理虚拟位移句和非虚拟位移句时眼球位移的情况。结果显示，实验受试注视虚拟位移句的主体比注视非虚拟位移句的主体更久，说明了实验受试在处理虚拟位移句时，进行了大脑模拟位移，导致其对虚拟位移句主体的注视时间更长。Richardson 和 Matlock（2007）设计了另一个眼动实验，排除了"受试注视时间长可能是因为觉得虚拟位移句更有趣"这一干扰因素，增加了"位移场景难易行程度"这一变量，进一步验证了人们在处理虚拟位移句时，会进行心理模拟位移。

Rojo 和 Valenzuela（2009）用自定步速阅读的研究方法，验证了 Matsumoto（1996c）提出的"位移路径条件"和"位移方式条件"的心理现实性。实验结果显示，西班牙实验受试处理"不可通行"位移路径时所花的时间要比处理"可通行位移路径"所花的时间长，说明西班

[①] 人们对模棱两可的时间问题"下星期三的会议提前了两天，那现在是星期几开会？"的回答，会受到他们对物理空间构念的影响。如果采用"自身位移视角"（ego-moving perspective），即想象自己朝着一个物体前进，那么答案是"星期五"；如果采用"时间位移视角"（time-moving perspective），即想象物体朝着自己前进，则答案是"星期一"。（Boroditsky & Ramscar, 2002）

牙实验受试可以区分"可通行"和"不可通行"的位移路径;实验受试处理包含与位移路径无关的方式动词的虚拟位移句比处理包含位移路径信息的方式动词的虚拟位移句所花的时间更长,从而验证了"位移路径条件"和"位移方式条件"的心理现实性。

总结而言,国外虚拟位移的实证研究主要集中于验证延伸位移路径虚拟位移的心理现实性,使用的研究方法包括阅读—判断任务、画图任务、有关时间和位移的研究、眼动研究和自定步速阅读等。结果都印证了人们在处理延伸位移路径虚拟位移句时,确实会在大脑中模拟位移,证实了延伸位移路径虚拟位移的心理现实性。

4.3.2 国内虚拟位移实证研究

相较于国外,国内研究虚拟位移的心理现实性主要通过观察和自身经验,从空间体验和视觉体验出发进行阐释,具有很强的主观性。(李秋杨,2012;李秋杨、陈晨,2012a,2012b)国内仍未见学者采用类似国外的研究方法,验证汉语虚拟位移的心理现实性。但黄瑞芳(2016)和钟书能、黄瑞芳(2017)首次研究了中国英语学习者习得英语虚拟位移构式的情况,研究发现:1)中国英语学习者按难易度顺序先后习得英语虚拟位移构式中的"移动主体""移动路径""移动方式"以及"移动时间"这四个虚拟位移构式建构要素的句法、语义特征。2)英语水平越高,越容易习得英语虚拟位移构式。3)即使高水平的中国英语学习者在习得英语虚拟位移时仍存在一定困难,远未能达到母语者水平。4)某些英语虚拟位移构式的次类型(如假设位移)对英语母语者也构成一定的挑战。傅舒雅(2017)和钟书能、傅舒雅(2017)则研究了英语母语者习得汉语虚拟位移构式的习得情况,研究发现:1)英语母语者依次习得汉语虚拟位移的位移主体、位移方式、位移路径;而位移距离在高低水平组并无显著差异;2)汉语水平越高,习得汉语虚拟位移情况越好,并且英语母语者对虚拟位移的理解明显好于其产出;3)即使高水平的英语母语者,习得虚拟位移仍有一定的困难;4)不同于英语母语者的习得顺序,汉语母语者虚拟位移的习得顺序为移动路径、移动主体、移动方式和移动距离，其中汉语者过度使用拟人化这一修辞手段来认知虚拟位移主体，使得他们与高水平的英语母语者在这一方面的习得无显著差异。

第五节　本书的组织结构

本书把虚拟位移构式的研究分为理论篇、翻译篇和实证篇。理论篇包括四章，第一章为概论，主要探讨虚拟位移的定义和分类，并对以往的虚拟位移研究进行了综述。第二章主要介绍涉及虚拟位移构式的理论，包括构式语法理论、移动事件框架理论、词汇化模式、构式的主观化等。第三章首先探讨真实位移和虚拟位移各特征要素的异同点，从而得出虚拟位移构式各语义要素的特征。第四章则从位移主体、路径、方式和时间/距离特征要素出发，对英汉虚拟位移构式进行对比研究，为虚拟位移构式的翻译和实证研究做好基础。翻译篇包括两章，第五章聚焦英语虚拟位移位移主体、位移行为、位移路径、位移方式和位移特殊要素的汉译技巧。第六章则反过来，主要探讨汉语虚拟位移位移主体、位移行为、位移路径、位移方式和位移特殊要素的英译技巧。实证篇也包括两章，第七章主要通过实证研究探讨中国英语学习者习得英语虚拟位移构式的情况。第八章则探讨英语母语者习得汉语虚拟位移构式的情况。最后一章是对全书研究的一个总结。

第二章 理论框架

第一节 引 言

本章主要介绍涉及虚拟位移表达的理论框架,并在相应的框架下讨论虚拟位移表达的理论特征。在位移事件框架理论和构式语法理论的基础上,我们把虚拟位移表达式视为一个具有其自身特定的统一语用语义的语法构式,审视虚拟位移构式的语法构式特征、词汇化模式以及主观化认知建构,为进一步展开英汉虚拟位移构式的对比研究、真实位移与虚拟位移对比研究、虚拟位移构式翻译技巧及虚拟位移构式二语习得研究打下坚实的理论基础。

第二节 构式语法理论

在第一章里,我们列举了一些英汉虚拟位移表达式,现在我们通过更多的例子来回顾这一语言表达式:

(1) The mountain range goes from Canada to Mexico. (Matsumoto, 1996c: 183)

(2) The cliff wall faces toward the valley. (Talmy, 2000a: 99)

(3) The road began to run along the shore. (Matsumoto, 1996c: 195)

(4) 于是，一条洒满碎光的<u>小路</u>，一弯、又一弯，从幽静的绿树<u>丛</u>中伸到他们脚下。(乐维华《山趣》)

(5) 这里阒无一人，眼下只是<u>绵绵群山</u>，趁着月色，直铺天边。(余秋雨《皋兰山月》)

(6) 我们原以为<u>小道</u>会突然中断，但发现它却穿过树林，蜿蜒向前。(北京大学 CCL 语料库)

如前所述，上述例句都是司空见惯、习焉不察的虚拟位移表达式。然而，起初，许多英语语言学家（Bander, 1978; Booth, 1983; Quirk et al., 1985）将例（1）至例（3）这样所谓"乖戾"的英语语言结构当作拟人的修辞手段。无独有偶，我国传统修辞学家（袁晖、宗廷虎, 1995; 陈望道, 1997）认为例（4）到例（6）使用了比喻或拟人的修辞手法。直到 Talmy 于 20 世纪七八十年代首先注意到这一特殊的语言现象，并于 1983 年把这一语言现象称为"virtual motion"（拟真位移），于 1996 年使用"fictive motion"（虚拟位移）这一术语，并于 2000 年对此语言现象做了系统的分类研究和深入的论述。(Talmy, 1975, 1983, 1996, 2000a, 2000b) 其特点是认知主体主观地以发生在心理空间中的位移或方位变化来描述物理空间中客观的静态物体的方位。

纵观国内外的研究，除了以下的研究外（钟书能，2012a, 2012b; 钟书能、黄瑞芳, 2015a, 2015b, 2017; 钟书能、傅舒雅, 2016; 钟书能、刘爽, 2017; 钟书能、傅舒雅, 2017; 钟书能、汪燕迪, 2017; 钟书能、赵佳慧, 2017），似乎鲜有其他研究从构式语法理论的视角探讨虚拟位移现象。在本研究中，我们拟诉诸语法构式理论重新审视虚拟位移这一独特的语言现象，认为虚拟位移构式具有其自身特定的构式语义。

构式语法理论（Construction Grammar）是一种新兴的语言研究理论，Goldberg (1995: 4) 认为构式是"形式与意义的结合体"（paring of form and meaning）或"形式与功能的结合体"（paring of form and functions）并将之定义为："C 是一个构式当且仅当 C 是一个形式—意义的配对＜Fi, Si＞，且 C 的形成（Fi）或意义（Si）的某些方面不能从 C 的构成成分或其他先前已有的构式中得到完全预测。"这一定义蕴含了构式的两个基本特征：1) 构式是形式与意义的结合体；2) 构式的意义具有不可预测性。只要语言结构或表达式满足了这两个基本特征，就可以被认定为构式。Goldberg 又对构式的定义进行了修正，提出："构式是习得的形式与意义/话语功能的配对，包括词素、词、习语、不完全固定短语结构和完全固定短语结构等，构式可以应用于各个语法层面的分析。"（Goldberg, 2006: 5）从修正后的定义，我们可以看出，"不可预测性"不再是构式形成的必要条件。这样，任何语言表达式，包括词素、词、短语、句子乃至语篇，只要是形式和意义的结合体，都可以看成是构式。构式语法理论全面推翻了"主要动词决定句子的全部形式与意义"的词汇投射理论。构式也并非仅限于以动词为中心，越来越多的研究转向以副词、形容词、名词为中心的构式。（张媛，2015；侯国金，2015；钟书能、刘爽，2015）

  构式语法认为，一定的语言表达式有结构自身的意义。这类构式是一个完型结构，在一个完型结构中，整体大于部分之和。在构式中，语言结构的意义并不都是其组成成分意义的合成，各成分意义的相加不一定能得出句式结构的整体意义。组成成分的意义对构式的整体意义的形成有很大的影响，同时构式的整体意义也制约着组成成分的意义。（Fillmore & O'Conner, 1988; Goldberg, 1995; 李福印, 2008 等）语料库语言学也认为自然语言中词汇与构式无法截然一分为二，认为对词组与词串应给予独立词汇般同样的重视。（Sinclair, 1991; Biber et al., 1999）

  在本研究中，我们把虚拟位移表达式看作是一个构式，称之为"虚拟位移构式"。我们认为虚拟位移构式具有"通过把实际物理空间的移动投射到心理空间，认知主体在认知对象上沿着某个路径进行移动"这样的特定构式义。例如：

  （7）春去秋来老将至。

(8) But the minutes slipped by and Gerald did not come. (*Gone with the Wind*)

例（7）中的"春""秋"与"老"与例（8）中的"minutes"都是无形的、看不见、摸不着的实体，本身不可能变化或移动，这句话的实现是由于认知主体把空间移动的概念投射到时间领域，让时间产生移动，这正是虚拟位移构式的语用意义。在这两个例子中，这一特定语用含意通过隐喻机制得以实现。

具体语言中所存在的每一个语法构式，都反映或体现了人对客观世界某一方面的一定认识，这种认识是以该语言为母语的人先通过感官感知客观世界的物体，然后在认知域里形成意象，再进一步抽象为意象图式，意象图式投射到语言中，就形成了具体的语言构式。如：

（9）长城在崇山峻岭之间蜿蜒盘旋。

以例（9）为例，客观存在这样一个场景，长城绵延不绝，修筑在崇山峻岭之间，这是视觉器官所能感知的；根据经验，长城的路线与中国龙的形象相似，翻越巍巍群山——以上是认识主体对客观事实的一种感知，并由此形成一种意象，这种意象进一步抽象为意象图式。"长城"自身不可能按动词"盘旋"的实际移动方式发生运动，而是用其移动方式代指移动路径，这是转喻的思维方式。所以，"蜿蜒"与"盘旋"在上述句中表达的是一种"转喻性移动"。这一句中通过转喻的投射机制实现"通过把实际物理空间的移动投射到心理空间，认知主体在认知对象上沿着某个路径进行移动"这样的特定构式义。

在此基础上，我们认为，虚拟位移构式的建构机制是认知主体在心理空间上沿着一定的路径按照顺序扫描或总体扫描的方式对认知对象构建起认知通达。

认知语法的一个根本性假设是一般的认知能力塑造了我们的语言，语言能力和认知能力密不可分。（Langacker，1987，1991，1999，2000）因此，语言结构的描写反映了认知过程，即语法是对人的认知能力和认知过程真实的、动态的描述。认知语法的首要任务就是界定在语言中起直接作用的几种基本认知能力，如自动处理、心理经验、焦点转换等（Langacker，1987：99—145）。其中转换（transformation）这一个范畴用于建构复杂事件的认知处理方式，因而涉及我们的心理扫描（mental scanning）能力。Langacker 区分了两种心理扫描能力：总体扫描（summary scanning）与顺序扫描（sequential scanning）。他将总体扫描定义为"一种认知处理方式，其中各成分状态以累加性方式激活，由此一个复杂结构的各个侧面呈共存同现状态"。而顺序扫描被定义为"一种认知处理方式，其中一系列状态的表征方式呈顺次转换，其本质上是非累加性的"。(Langacker，1987：493) 从定义上来看，两种心理扫描方式似乎体现出截然对立的特征。在总体扫描中，场景中的成分不断叠加，从而被感知为一个连贯的完型（gestalt），而顺序扫描涉及从一个成分向另一成分的转换（transformation）。因此，在总体扫描中，对各个成分的处理是同步的，场景中的成分状态不随时间而改变。而在顺序扫描中，场景是随时间的展开而不断演化的。

　　除了可移动实体的实际物理变化移动之外，我们能够通过感知来体验变化移动的情况，因为各种物体进入或离开我们的视野，都会对我们的视觉造成冲击。无论是实际的物理运动或是感知的移动，都与物体在空间和时间中从一个点移动到另外一个点有关（钟书能，2012b）。跟位移相关的两个重要因素是方向和路径。物体通常朝着一定的方向移动，而我们的感知中通常也以心理扫描的方式沿着一定的方向进行心理移动。路径是指位移主体在空间中的位移轨迹。我们在感知移动的过程中，能够在心理上扫描移动主体在路径上的位置变化，直到移动主体到达移动的终点。

　　虚拟位移实际上是一种认知主体的心理活动。认知主体在心理上沿着一定的路径对认知对象进行扫描，从而建立起有关该对象的完型概念。Matlock（2001）的一系列心理扫描实验结果表明，认知主体在处理虚拟位移构式的过程中不仅会模拟实际物理移动，而且还会模拟视觉扫描（visual scanning）。这说明，心理扫描不仅在处理与真实物理位移有着直接联系的虚拟位移构式中起作用，而且在处理没有任何物理基础的虚拟位移句构式中起作用（钟书能，2012a）。例如：

(10) There are some houses in the valley.

(11) There is a house every now and then through the valley.

例（10）采取的是总体扫描，是一种静态的模式，体现在语言构式上就是一个静态句。场景中的成分不断叠加，以累加性方式激活，由此一个复杂结构的各个侧面呈共存同现状态，从而被感知为一个连贯的完型（gestalt），由于位移同时包含静止和移动两种状态，因此例（10）这种静态表达句实际上属于真实位移表达。而例（11）采取的是顺序扫描，是一种动态的模式。随着观察者视线的移动，一幢幢房子出现在眼前。其中一系列状态的表征方式呈顺次转换，从一个成分向另一成分转换（transformation），其本质上是非累加性的。概念化主体从不同视角对同一物体进行心理扫描，从而产生不同的识解。若扫描的对象是河流、公路、高山等物体，其大小形状都占据一定的空间，对它们的扫描并不能在一瞬间完成，必须按一定的方向，沿着一定的路径对其进行心理扫描。例如，在读到"The road runs along the coast."时，我们的头脑中会逐步构建一条沿海岸线分布的公路，由起点延伸至终点，逐步建构一个路径或线性的表征。这类似于顺序扫描，一系列状态的表征方式呈顺次转换。在这过程中依次建立与不同部分的认知通达（mental access），由此产生的概念化结果累积起来最终形成该物体的整体概念化结构或称完型结构。由此可见，认知中的通达和心理扫描是实现和识解虚拟位移构式的关键所在。

因此，虚拟位移构式是认知主体在心理空间上，认知对象（既可以是具体的实体，也可以是抽象的事物）沿着一定的路径按照顺序扫描或总体扫描的方式构建起的认知通达。在认知通达过程中，涉及从真实位移向虚拟位移的隐喻性投射，也涉及以代移动方式或移动路径的转喻性认知。由于心理扫描必须在一定的时间里完成，因此在时间轴上的不同时点上发生的概念化以累加的方式实现通达。各种通达之间没有明显的分界线，完全有可能实现同步。

第三节 位移事件框架理论

　　Talmy（1983，1996，2000a）认为，虚拟位移虽然不是真实位移，但仍然归属于位移的概念，是一种特殊的空间位移事件。Talmy（2000b：99—175）提出了著名的位移事件框架理论，指出位移事件除了包括字面意思的"移动"事件状态外，实际上也包括"静止不动"的事件状态。一个移动事件通常包含四个主要语义要素和若干次事件语义要素。其中，四个主要语义要素包括：位移主体（Figure）、位移行为（Motion）、位移路径（Path）和位移参照框架（Ground）[①]。位移主体（F）在位移状态中，指的是相对于位移参照体（G）做出移动的实体，而在静止状态中，则指处于静止状态的主体。位移行为（M）指的是位移本身，或指静止状态本身。位移路径（P）指的是位移主体在位移时的路线轨迹，而在静止状态中，位移路径则指位移主体相对于位移参照体所指向的方向。位移参照体（G）是位移主体在位移时所参照的实体，在静止状态中，则指客观静止时位移主体所处方位的参照物。以上四个语义要素构成了位移事件的核心，但绝大多数语言在表达位移事件时，常常包含位移次事件（co-event）语义要素，其中以方式（Manner）和原因（Cause）最为典型。体现在语言表达式中，位移行为、位移路径、位移方式或原因主要体现在动词及其附加语（satellite）上，而位移主体和位移参照体则通常由名词性成分来体现。例如：

　　（12）The bottle ［F］ floated ［M］ out of ［P］ the cave ［G］.（Talmy，2000）

　　（13）The pencil ［F］ lay ［M］ on ［P］ the table ［G］.（Talmy，2000）

　　[①] 国内学者对于 Figure, Motion, Path 和 Ground 的翻译不一，有的将其翻译为凸像、焦点、运动、路径和背衬/参照物，本书统一将其翻译为位移主体、位移行为、位移路径和位移参照框架，但在综述其他学者的文献时，仍采用原作者的译名。

(14) 球［F］沿山坡［P］滚［M］到了山下的小溪里了［G］。（北京大学CCL语料库）

(15) 手机（F）放（M）在（P）桌子（G）上（P）。（自编例句）

例（12）和例（14）描写的是移动的状态，而例（13）和例（15）描写的是静止的状态。例（12）描述的是位移主体"the bottle"（瓶子）相对于位移参照物"the cave"（岩洞）的位移事件。位移动词"float"（漂浮）除了表达位移行为外，还同时蕴含了方式信息。介词"out of"则体现了位移的路径。例（14）描述的是位移主体"球"相对于位移参照物"山下的小溪"的移动状态，位移动词"滚"是位移行为，同时包含了位移的方式，状语"沿山坡"则体现了位移的路径。例（13）描述的是位移主体" the pencil"（铅笔）的方位信息。"the table"（桌子）是位移主体静止的参照体，动词"lay"体现了位移主体静止的方式，而介词"on"则说明了位移主体相对于位移参照体所处的方向，即强调铅笔是放在桌子"上面"，而不是其他地方。例（15）描写的是位移主体"手机"相对于位移参照体"桌子"的方位信息，通过谓语动词"放"说明位移的方式，并通过介词"在……上"体现了位移主体相对于参照体的方向，即强调手机是在桌子"上"，而不是在桌子下或者桌子旁边。

由于语言的普遍性，世界上任何语言在表达位移事件时几乎都包含这些语义要素。但在不同的语言中，以上的语义要素体现在不同的语言结构中。如英语和汉语的位移主体和位移参照体一般都体现在名词上。路径信息和方式信息一般体现在动词上，但大多数情况下，路径信息并不体现在动词上，在英语中，多通过介词将其显现，而在汉语中，除了介词外，还经常通过状语将其显现。

位移事件的核心图式是路径，通常体现在动词或者介词等附加语上。据此，Talmy（2000b）把世界上的语言大体分为两类：动词框架语言（Verb-framed Language）和附加语框架语言（Satellite-framed Language）。如果该语言通常用动词表达核心图式（路径），则属于动词框架语言范畴；而如果该语言用附加语体现路径信息，则该语言属于附加语框架语言范畴。

总的来说，Talmy（1983，1996，2000a）的位移事件框架理论为虚拟位移构式的进一步研究奠定了坚实的理论基础。

第四节 词汇化模式

如前所述，位移事件的核心图式是路径，通常体现在动词或附加语上。Talmy（2000a，2000b）对位移动词的词汇化模式（即语义成分在语言中的编码方式）进行了专门的研究，并指出，位移动词词汇化的模式主要有三种。

1. 动词＝位移＋方式/原因，即动词除了表达位移行为本身外，还蕴含位移方式信息或说明致使位移主体位移的原因，如英语的"walk"，"run"，"float"等，汉语的"跑""冲""窜"等。此类位移动词统称为方式动词（manner verb）。在使用方式动词表达位移事件时，由于方式/原因的信息由主要动词体现，位移事件的核心图式—路径信息，只能诉诸附加语的形式（介词、副词等）显现出来。表现出这种词汇化模式类型的语言被称为"附加语框架语言"，附加语框架语言以英语为典型代表，包括除罗曼语之外的绝大部分印欧语系的语言。

2. 动词＝移动＋路径，位移动词除了表达位移行为本身外，还蕴含路径信息，如英语中的"enter"，"exit"，"ascend"，"descend"等，汉语中的"进""出""上""下""过"等。此类位移动词统称为路径动词（path verb）。在使用路径动词表达位移事件时，由于路径信息由主要动词体现，方式/原因信息则常常由附加语（介词、状语等）表达。表现这种词汇化模式类型的语言被称为"动词框架语言"，动词框架语言是最广泛的一种语言范畴，以西班牙语为典型代表，还包括法语、日语、韩语、美洲印第安语等。

3. 动词＝移动＋移动主体，即动词除了表达位移行为本身外，还蕴含位移主体的信息。这种类型的动词所占的比例较少，在英语中，仅存在几个这样的动词，如非施动动词"rain"和施动动词"spit"，此类动词称为主体动词。汉语没有这种类型的动词。由于这种类型的动词不能构成虚拟位移构式，因此在此不做详细讨论。

虚拟位移构式的位移路径、位移行为、位移方式及原因这几大语义要素一般由动词及附加语的语言结构体现。以上的三种位移动词，只有方式动词（"位移行为＋位移方式/原因"）和路径动词（"位移行为＋位移路径"）能构成虚拟位移构式，主体动词不能构成虚拟位移构式。此外，英语虚拟位移构式遵循 Matsumoto（1996c：194－203）提出的"路径条件"（path condition）和"方式条件"（manner condition）。

"路径条件"要求路径信息必须强制性地体现在虚拟位移构式中，否则虚拟位移表达式不正确。因此，当动词本身不包含路径信息时，必须用介词或副词来描述路径，传达路径信息。例如：

（16）＊The road began to run.
（17）The road began to run along the shore.
（18）The road began to ascend/descend/curve.

（Matsumoto，1996c：195）

上述例句的主语是不可移动的主体"路"，描述得却是动态的情景，因此都是虚拟位移表达。在例（16）和例（17）中，移动动词"run"（跑）是方式动词，只蕴含方式信息，不包含路径信息。根据"路径条件"，路径信息必须强制性地体现在虚拟位移句中，但例（16）只有方式动词"run"，没有通过其他语言手段表达路径信息，因此例（16）是不可接受的句子。但在例（17）中，用介词短语"along the shore"补充了例（16）中所缺少的路径信息后，句子便成为可接受的表达式了。在例（18）中，直接用路径动词"ascend/descend/curve"替换例（17）的方式动词，则不需要再添加其他成分，句子已经是合格的虚拟位移表达。因此，英语虚拟位移构式的路径信息必须强制性地表征在语法结构中。

"方式条件"指位移方式信息不能单独编码在虚拟位移表达中，除非其同时用来表征相关的路径信息。例如：

(19) The road went into/zigzagged through/entered/reached the forest.

(20) * The road walks/ speeds/ hurries/ strides through the park.

(Matsumoto，1996c：196)

(21) * The road runs angrily/happily/desperately/slowly through the forest.

(Matsumoto，1996a：361)

以上例句都以"路"作为主语，表达的是虚拟位移。例（19）中的短语动词"go into"和"zigzag through"，路径动词"enter"和"reach"同时蕴含方式信息和路径信息，因此是合格的虚拟位移构式。但例（20）中的方式动词"walk"，"speed"，"hurry"和"stride"是方式动词，只蕴含方式信息，不包含路径信息，因此虚拟位移表达式不合格。在例（21）中，位移动词"run"属于方式动词，只蕴含方式信息，尽管句子添加了副词"angrily"，"happily"，"desperately"，"slowly"对动词进行描述，但这些副词描述的都是方式信息，不表达任何路径信息，因此例（21）这一虚拟位移表达式仍然不合格。总而言之，不管方式信息是蕴含在动词中，还是蕴含在副词中，英语虚拟位移必须遵循"方式条件"。

第五节 虚拟位移构式的主观化

虚拟位移构式的特征是使用位移动词描述静止物体的空间关系，这就决定了虚拟位移构式处于主观性相对较强的句法语境。按照一般句法规则，报告一个事体的发生往往需借助行为动词的一般进行时或过去时形式进行标记，但虚拟位移构式往往诉诸行为动词的现在时表达正在进行的位移事体，这主要是由于虚拟语境可以打破一般的句法规则，显现出虚拟语境下独有的语言结构。这种现象主要是由于说话人的主观性在语言中被主观化为了一类特定的语言结构。（Finegan，1995；刘正光，

2011)当前对语言主观化的研究主要有两大流派：一派是以 Langacker（1987）等为代表，基于认知语法框架的共时研究；另一派是以 Traugott & Dasher（2002）等为代表，基于语义－语用演变的历时研究。从历时的角度看，主观化是指语言为表现主观性而采用相应的结构形式或经历相应的演变过程。（沈家煊，2001：268）从共时角度看，主观化是指对事体的识解从相对客观变得更为主观的过程。（Langacker，2000：297）认知语法主要从共时角度研究主观化。具体地说，主观化是指在语言的实现过程为了增加识解的主观性或减少识解的客观性所采用的语言结构或策略。（Langacker，2000：298；刘正光，2011）

本节将基于认知语法理论探究主观性在语言中主观化为虚拟位移构式的认知机制。要厘清这一机制，首先，我们需要明确主观性和主观化的概念和两者的联系。

5.1 主观性和主观化

认知语法框架下主观性的定义与传统的定义有所不同。传统上，主观性是指在话语中留下说话人的自我印记，表达说话人的立场、态度和感情。（Lyons，1977：739；Finnegan，1995：1；沈家煊，2001：268）而在认知语法框架下，Langacker（1987：129－138）认为主观性包括两个核心概念："视角"（perspective）和"观察排列"，而这两个概念都与"认知识解"（construal）有密切关系。"认知识解"指"我们用不同的方式对同一客观情景进行感知的能力（the ability to conceive the same situation in alternate ways）"。视角是认知识解的一个维度，即指说话人对客观情景的观察角度。观察排列是人们认知外部世界的方式，包括"最佳观察排列"（optimal viewing arrangement）和"自我中心观察排列"（egocentric viewing arrangement）。最佳观察排列指说话人将自身排除在被观察范围之外，观察范围只包括外界事物；相反，自我中心观察排列指说话人将自己纳入被观察的范围。当采取最佳观察排列时，观察者或说话人位于"舞台下"（offstage），即说话人处于"隐身"

之中，不编码在语言表达中，体现出最大程度的主观性（maximum subjectivity）。当采取自我中心观察排列时，观察者或说话人位于"舞台上"（onstage），即说话人"现身"在被观察的场景中，被显性地编码在语言表达式中，体现出最大程度的客观性（maximum objectivity）。换言之，当说话人与观察者站在一起去观察某一个场景时，语言中往往出现"主观性"。反之，当说话人与场景捆绑在一起被观察者观察时，语言中具有很强的客观性。例如：

(22) The path rises quickly near the top.
(23) The path rose quickly as we climbed.

例（22）说话人采取的是最佳观察排列，说话人没有被编码在语言表达中，他参与了对这一场景的主观观察，因此也就体现了最大程度的主观性；相反，例（23）说话人采取的是自我中心观察排列，说话人"we"被显性地编码到语言表达中，即被观察的事物与说话人都是被观察的对象，因此也就体现了最大程度的客观性。

而针对主观化的概念，在历时和共时的角度下，主观化有其各自的含义。从历时角度看，主观化是指语言为表现主观性而采用相应的结构形式或经历相应的演变过程。（沈家煊，2001：268）从共时角度看，主观化是指对事体的识解从相对客观变得更为主观的过程（Langacker，2000：297）。由于我们主要基于 Langacker 的认知语法理论，主要从共时角度研究主观化，因此，我们所说的主观化，是指在语言的实现过程为了增加识解的主观性或减少识解的客观性所采用的语言结构或策略。(Langacker，2000：298；刘正光，2011)

虚拟位移构式是如何实现其主观化的过程的呢？沈家煊（2001：274—275）认为"主观化的程度高低与语言编码形式的多少成反比"。即主观化程度越高，在语句中呈现的语言形式就越少；主观化程度越低，则语言中所呈现的表达形式就越多。为了探究主观性在虚拟位移构式中主观化实现机制，我们先简单阐述虚拟位移构式的句法语义特征，然后再讨论主观性是如何在虚拟位移构式中实现主观化的。

5.2 虚拟位移构式的句法语义特征

根据位移主体与位移行为的主观性程度，本文采用 Matsumoto（1996b：360）对虚拟位移的分类方式，但将其特征重新命名为：主观性虚拟位移、原型性虚拟位移和准真实虚拟位移。

(24) The mountain range goes from Canada to Mexico.（主观性虚拟位移）

(25) The highway enters California there.（原型性虚拟位移）

(26) The road went up the hill (as we proceeded).（准真实虚拟位移）

"主观性虚拟位移"，也可以成为视点虚拟位移，是一种高度纯粹的主观位移（概念主体用其视点进行心理扫描）；"原型性虚拟位移"是虚拟位移中的原型，是任意主体在任意时间内的位移。这两者同属于非现实或纯虚拟位移表达，谓语动词不能用进行时或过去时形式，只能用一般现在时的形式，违反了一般句法规则。两者的区别在于"主观性虚拟位移"的位移主体一般是不可通行（untravellable）的实体（如"车不能在山脉上通行"），而"原型性虚拟位移"的位移主体是可通行的实体（如"车通常在公路上通行"）。"准真实虚拟位移"表达的是一个特定的移动主体在特定时间内的位移，介于真实位移与虚拟位移之间，其位移主体往往转喻为移动施事，因此其谓语动词与其他行为动词的用法相同，可以用进行时、过去时等形式。以下，我们将根据这三种虚拟位移构式的特点，探究虚拟位移各主要要素的句法语义特征。

5.2.1 位移主体

虚拟位移的位移主体是指在空间上具有［－移动］语义特征的实体，但并不是所有具有［－移动］语义特征的实体都可以充当虚拟位移的主体，［＋长方形］、［＋空间延伸性］、［＋可通行性］等语义特征也是充当虚拟位移主体的必要条件。（晏诗源、李秋杨，2013：25）在英语与日语中，[＋可通行性]这一语义特征是充当虚拟位移主体的必要条件，如：

(27) *The mountain range will enter California soon.

(28) Sono densen wa heeya no mannaka woo tooru/ *iku/ Iltootte iku. （这条电线穿过原野的中心）（转引自李秋杨，2014）

(29) 赤道穿过地球上许多国家。加蓬、刚果、扎伊尔、乌干达、肯尼亚、索马。（北京大学现代汉语语料库）

例（27）中位移主体"山脉"（mountain range）是不可通行的位移主体，不能充当准真实虚拟位移的位移主体，因此句子的表达不合格。在例（28）的日语表达式中，"电线"（sono densen）不具备"可通行性"，故句子不合格。在例（29）的汉语虚拟位移构式中，移动主体"赤道"虽然不具备"可通行性"，但句子仍然合格。

5.2.2 路径信息

虚拟位移构式必须遵循 Matsumoto（1996a：194－203）提出的"路径条件"。即构式必须凸显路径信息，即要求路径信息必须体现在虚拟位移构式中。如：

(30) John began to run.

(31) *The road began to run.

(32) The road began to run along the shore.

(33) The road began to ascend/descend/curve. （Matsumoto 1996a：195）

上述句子中，例（30）是真实位移表达，例（31）－（33）是虚拟位移构式，因为"路"是静态物体，不可能发生跑动这样的位移行为，但在主观虚拟情景下是可以发生位移的。"run"（跑）是方式动词，不包含路径信息，只具有"跑"的动作方式这一信息。在真实位移表达中，路径信息出现与否并不是强制的，因此例（30）符合语法。但路径信息必须体现在虚拟位移构式中，例（31）不包含路径信息，因此不合格。例（32）在动词后面用介词短语"along the shore"增加了路径信息，因此句子合格。而例（33）直接使用路径动词"ascend"/"descend"/"curve"，这类路径动词既包含动作方式又包含路径信息，因此不需要再增加介词短语说明路径信息，自然句子合格。

5.2.3 方式信息

虚拟位移构式必须遵循 Matsumoto（1996a：194－203）提出的"方式条件"，即只有方式信息同时含有路径信息，方式信息才能够编码在虚拟位移构式中。如：

(34) The road (went into/zigzagged through/entered/reached) the forest.

(35) *The road (walks/ speeds/ hurries/ strides) through the park. (Matsumoto, 1996a: 196)

(36) *The road runs (angrily/happily/desperately/slowly) through the forest. (Matsumoto, 1996b: 361)

以上例句都是虚拟位移构式，例（34）中的短语动词"go into"与"zigzag through"，路径动词"enter"和"reach"既表达方式信息，又同时表达了路径信息，因此句子合格。但例（35）中的方式动词"walk"，"speed"，"hurry"和"stride"只蕴含方式信息，不包含路径信息，因此句子不合格。例（36）中修饰位移动词 run 的副词"angrily"，"happily"，"desperately"，"slowly"等凸显了方式信息，不表达任何路径信息，因此句子不合格。

5.2.4 位移时间

不同类型的虚拟位移构式对位移时间的具体程度有不同的限制。"主观性虚拟位移"不允许添加移动时间，如：

(37) *The mountain range goes along the coast for some time. (Matsumoto, 1996b: 362)

例（37）是个不合格的句子，是由于其主语主观性虚拟位移不允许添加"for some time"这一位移时间信息，因此句子不合格。

"原型性虚拟位移"似乎允许添加有关模糊移动时间量，但不允许添加具体的、精确的移动时间量。如：

(38) The highway runs along the river for a while.

(39) *The footpath goes along the river for 15 minutes. (Matsumoto, 1996b: 362)

时间短语"for a while"表达的是模糊的时间段，因此例（38）合格。"for a while"指高速公路沿着河边"移动"的时间。实际上，这里用移动时间转喻所要描述的一段高速公路的长度。但"for 15 minutes"表达的是精确的移动时间，无法用于转喻表达，除非说话人和听话人对假想的位移主体的运动速度具有共识。

然而，"准真实虚拟位移"不仅允许添加移动时间，而且还允许添加精确的移动时长。如：

(40) The road (I was driving on) went along the river for 3 minutes.

(41) The highway will enter California (soon/in a few minutes/in 3 minutes).

(42) This highway will go through this tunnel in 3 minutes. (Matsumoto, 1996b: 363)

以上都属于"准真实虚拟位移"，既允许添加诸如"soon"，"in a few minutes"这样模糊的移动时长，也允许添加类似"for 3 minutes"，"in 3 minutes"这样精确的移动时长。

5.3 主观化对句法限制的消解

虚拟位移构式为什么成为可能？移动动词为什么可以用其一般现在时形式来描述静态物体的空间关系？刘正光（2011）认为"主观化可以对句法限制进行消解"。换言之，如果在语言表达中直接加入具有主观性的语言标识，我们就有可能把现实句转变为非现实或虚拟句。在非现实或虚拟语境中，移动动词完全可以超越一般句法规则而用其一般现在时形式来描述静态物体的空间关系。因此可见，主观性的语言标识是建构非现实或虚拟语境的关键因素。

主观性的语言标识主要体现在三个层面：第一，说话人的视角（perspective）；第二，说话人的情感（affect）；第三，说话人的认识情态（epistemic modality）（Finnegan，1995：4）。虚拟位移是一种主观化的产物，其建构途径主要就是让说话人在对客观场景进行识解时加入自己的视角。说话人的视角不同，即识解的方式不同，作用于语义内容而形成的语义结构（语言形式）就自然有所不同，因此产生了不同类型的虚拟位移。如：

(43) The highway passes through a tunnel there.

(44) The highway I was driving on passed through a tunnel then.（Matsumoto，1996a：204）

例（43）和（44）表达的都是"高速公路穿过隧道"的情况，属于虚拟位移，但具体表达形式却不一样。这是由于不同的观察视角。例（43）采取的是最佳观察排列视角，概念主体不编码在语言表达中，体现了最大程度的主观性，表现在语言形式上就形成了"原型性虚拟位移"；而例（44）采取的是自我中心观察排列视角，通过增加语言表达式"I was driving on"把概念主体纳入到观察之中，体现了最大程度的客观性，表现在语言形式上就形成了"准真实虚拟位移"。毫无疑问，"原型性虚拟位移"比"准真实虚拟位移"的主观性程度更高。

另一方面，说话人的视角决定了主观化程度的高低。说话人的视角越"隐身"，主观化的程度越高，主观性就越强，在语言中呈现的形式就越少，详略度程度就越低；说话人的视角越"明显"，主观化的程度越低，主观性越弱，在语言中呈现的形式就越多，详略度程度就越高。如：

(45) The mountain range goes from Canada to Mexico.

(46) The highway enters California there.

例（45）属于"主观性虚拟位移"，例（46）属于"原型性虚拟位移"。由于"主观性虚拟位移"的位移主体是不可通行的实体，因此位移主体不能是假想的人类或者任何实体，而只能是概念主体的注意力或者视线。"原型性虚拟位移"位移主体是可通行的实体，因此位移主体可以是假想的人类或者任意的实体。因此，与例（45）相比，例（46）的概念主体的视角更"明显"，即例（46）的主观性程度比例（45）的主观性程度要弱。一言以蔽之，"主观性虚拟位移"的主观性程度最强，"原型性虚拟位移"的主观性程度处于中间，而"准真实虚拟位移"的主观性程度最弱。

如上所述，说话者的主观性可以通过主观化这一机制建构非现实或虚拟句法环境，而虚拟位移构式正是在这类主观性程度较高的语境中超越一般的句法规则获得语法合格性，这说明主观化是消解句法限制的有效手段。

5.4 主观化对虚拟位移的反制约

虽然主观化是消解句法限制的有效手段，然而，正如硬币有两面一样，我们发现虚拟位移构式通过主观化这个有效手段在获得"解放"的同时，也被主观化（按：非现实或虚拟句法环境是主观化的产物）戴上桎梏限制句法或语义的选择自由，如"不允许添加精确移动时长""路径信息必须出现""方式信息禁止必须出现"等。换句话说，为了让在正常句法环境中不允许违反的句法规则合法化，说话人只能去建构一个非现实或虚拟句法环境使之获得自由，但等到通过主观化这个手段把一个非现实或虚拟句法环境建构之后，我们又发现这个新建的句法环境反过来限制句法或语义的选择。正如刘正光（2011）指出的那样，语言结构中由于主观性语义的出现，虽然可以消解句法限制，但往往同时也给句法自身带来其他限制，这说明主观化对句法行为有反制约作用。下面，我们进一步阐述主观化对虚拟位移的移动主体、移动行为、移动路径以及移动时间在句法或语义的反制约情况。

5.4.1　主观化对虚拟位移主体的反制约

由于虚拟位移是概念主体对在空间上具有延展性的线性物体的位置进行识解的结果，因此就要求虚拟位移构式的位移主体必须具有［＋长方形］与［＋空间延伸性］这两个语义特征。如前所述，在英语与日语中，位移主体还必须具有［＋通行性］这个语义特征，这就涉及主观性强弱的问题。主观性越强，表达移动主体的语言结构的详略度程度越低；反之，主观性越弱，表达移动主体的语言结构的详略度程度越高。

如前所述，"主观性虚拟位移"的主观性程度最强，"原型性虚拟位移"的主观性程度处于中间，而"准真实虚拟位移"的主观性程度最弱。这就决定了"主观性虚拟位移"的位移主体的详略度程度最低，即位移主体最抽象。这与其位移主体的语义特征是一致的，即该类位移的位移主体是说话者的注意力或者视线，这也是为什么"主观性虚拟位移"的位移主体具有［－通行性］语义特征的原因。

"准真实虚拟位移"的位移主体的详略度程度最高，即位移主体应该最具体。这与其位移主体的语义特征也是一致的，即"准真实虚拟位移"的移动主体是实实在在的、特定的实体，这也决定了其位移主体必须具有［＋通行性］的语义特征。

"原型性虚拟位移"的主观性程度居中，其位移主体的详略度程度比"主观性虚拟位移"的高，比"准真实虚拟位移"的低，这与其位移主体的语义特征也是一致的。"原型性虚拟位移"的位移主体是假想的人或任意的实体，虽然是假想的，但起码是现实生活中存在的，所以比起"主观性虚拟位移"的位移主体，详略度程度高，这也决定了其位移主体要求具有［＋通行性］语义特征。

5.4.2　主观化对虚拟位移路径信息的反制约

虚拟位移构式之所以能成立，主要是把说话者的主观性（即"概念主体对客观静态场景的识解"）用一种标记刻印在语言中，即主观化。

在虚拟环境下，概念主体只有在心理上沿着一个路径对客观对象进行扫描，才能完全识解该对象，对其有整体的完型构念。也正因为如此，路径信息成了虚拟位移构式中不可或缺的强制性信息，这就是"路径条件"强制性存在的认知理据。这就是说，在虚拟语境中，"想象"必须要有路径才能自由飞跑，否则就得回到现实的语境中。可以说，虚拟的本质就是"想象"。一旦说话者建构了虚拟移位环境，他就必须建立一条供"想象"自由飞跑的跑道，即路径。

5.4.3 主观化对虚拟位移方式信息的反制约

Matsumoto（1996b）曾指出，移动施事主体不能被显性地编码为虚拟位移句的论元（即"移动动词的施事"）。虽然"准真实虚拟位移"描述的是特定移动主体的位移，但其移动主体同样不能被显性地编码为虚拟位移句的论元，只能被编码为句子主语的定语成分或是整个句子的状语成分，如：

（47）* The road ran from Los Angeles to New York by drivers.

（48）* The highway will enter California soon by us. （Matsumoto, 1996b: 363）

（49）The highway (I was driving on) will enter California soon.

（50）The highway will enter California soon (as we proceed).

例（47）把移动主体"driver"作为施事显性地编码在虚拟位移构式中，句子不合格。同样，例（48）通过"by us"这个短语把施事显性地编码在虚拟位移构式中，句子同样不合格。如果把施事编码为句子主语的定语成分（如例（49）），或编码为句子的状语成分（如例（50）），句子就合格了，这是因为方式通常是移动施事主体的属性（Talmy, 1985）。显而易见，没有移动施事，方式信息自然就不存在。反之，移动施事一旦出现在语言结构中，方式信息自然出现。其实，这正是主观化反过来制约方式信息出现在虚拟位移结构之中。

5.4.4 主观化对虚拟位移的移动时间表达的反制约

不同程度的主观性程度对虚拟位移的移动时间表达有不同的要求。具体而言，主观性越强，时间性就越低或越模糊，对移动时间描述的详略度程度就越低；主观性越弱（客观性越强），时间性就越高，对移动时间描述的详略度程度就越高。由于"主观性虚拟位移"的主观性程度最高，其时间性必然最低，所以这类虚拟位移不允许添加移动时间的表达，因此以下的表达均不合格：

（51）The mountain range runs along the shore ｛*for a while/ *for 30 minutes｝.（铃木裕文，2005：14）

"准真实虚拟位移"的主观性程度最弱，自然时间性最高，其对移动时间描述的详略度程度最高，所以现实位移句不仅允许添加移动时间的表达，还可以添加精确的移动时间表达，因此以下的表达均成立：

（52）The highway (I was driving on) ran along the river ｛for a while/for 30 minutes｝.（铃木裕文，2005：14）

而"原型性虚拟位移"的主观性程度居中，所以其对移动时间描述的详略程度比"主观性虚拟位移"的高，体现在这类虚拟位移允许添加移动时间量，但其详略程度又比"准真实虚拟位移"的低，因此只允许添加模糊的移动时间量，但不能添加精确的移动时间量，因此例（53）合格，而例（54）不合格：

（53）The highway runs along the river for a while.

（54）*The highway runs along the river for 30 minutes.（铃木裕文，2005：14）

第六节 本章小结

虚拟位移是特殊的移动事件，根据 Talmy（1983，1996，2000a）

提出的移动事件框架理论指出，移动事件包括运动和静止两个状态。一个移动事件包括四个主要语义要素和若干次事件语义要素。其中，四个主要语义要素分别为：位移主体（Figure）、位移动作（Motion）、位移路径（Path）和位移参照体（Ground）。而次事件语义要素则以原因（Cause）和方式（Manner）最为多见。位移主体指的是相对于位移参照体或处于静止状态的事物；位移行为指的是运动或静止两种可能状态本身；位移路径指的是位移发生的路线，当位移状态是静止时，路径指的是位移主体相对于位移参照体所指向的方向。位移参照体即位移主体产生运动或客观静止时所处方位的参照物。

虚拟位移表达式是具有自身独特语用意义的语法构式。它是有别于现实物理世界中真实位移的一种特殊位移事件表征，是认知主体心理空间在认知对象（既可以是具体的实体，也可以是抽象的事体）上沿着一定的路径按顺序扫描或总体扫描的方式构建起认知通达。虚拟移位构式具有"通过把实际物理空间的移动投射到心理空间，认知主体在认知对象上沿着某个路径进行移动"这样的语用含意。换言之，要完整理解任何具体涉及虚拟位移的句子均需从虚拟位移构式的意义与构式内具体语言内容的意义互动（interplay）后才能获得。从构式的视角处理虚拟位移能较好地体现概念的体验性和动态性特征，这是因为在虚拟位移事件中，人类能在经验感知中形成一定的意象图式进入概念化。

虚拟位移建构主要归因于主观化对句法限制消解这一机制上。在主观性程度极强的非现实或虚拟句法环境中，移动动词可以用来描述静态物体的空间关系。虚拟位移建构的途径是说话人在对客观静态的场景进行识解时加入自己的主观视角。说话人的视角不同，作用于语义内容而形成的语言形式就不同，因此产生三种类型的延伸路径类虚拟位移构式。虚拟位移特有的四个句法语义因素完全是主观化对句法行为进行反制约的结果，而不同程度的主观化对不同类型的延伸路径虚拟位移的句法结构有不同程度的限制。这表明，主观化是消解句法限制的有效手段，同时主观化又会对句法行为进行反制约。

第三章 真实位移与虚拟位移对比研究

第一节 引 言

认知语言学家（Langacker，1987；Ungerer，Schimid，1996；Talmy，2000等）认为，位移是自然界中最基本、最普遍的现象之一，人类无时无刻不在经历、体验和观察位移现象。位移是指物体在空间上的位置变化。根据位移主体有无实际的运动，位移可以分为真实位移和虚拟位移。真实位移表达是指对位移主体在空间上真正发生了移动这一事件的真实描述，而虚拟位移表达则是对静态物体的虚拟认知。在英汉语言中，我们经常会遇到以下语言表达式：

（1）John began to run.（Matsumoto，1996a：195）

（2）The road goes through a picnic area.（SKELL语料库）

（3）父亲扔掉奶奶的腿骨，掉过头去，放声大哭着逃跑了。（莫言《红高粱家族》）

（4）葡萄已经醒来，枝蔓依偎缠绕，像热恋的人儿一样。（北京大学CCL语料库）

在以上例句中，例（1）和例（3）的位移主体都是人，表达的是位移主体在物理空间上的位移变化，属于真实位移表达（factual motion expressions)。而例（2）和例（4）的位移主体是"road"（路）和"枝蔓"，是不可移动的实体，却用了位移动词"go through"和"缠绕"对其进行描述，属于虚拟位移表达。实际上，"虚拟位移"是相对于"真实位移"而提出的语言学概念。不管是"虚拟位移"还是"真实位移"，其实都是一种位移事件。

在第二章第三节位移事件框架理论中，我们提到，Talmy（2000b：99-175）指出位移事件包括"移动"事件状态和"静止不动"事件状态。一个移动事件通常包括四个主要语义要素：位移主体（Figure）、位移行为（Motion）、位移路径（Path）和位移参照框架（Ground）。位移主体（F）指的是相对于位移参照体（G）做出移动或处于静止状态下的实体；位移行为（M）指的是位移或静止状态本身。位移路径（P）指的是位移主体在位移时的路线轨迹或是位移主体相对于位移参照体所指向的方向。位移参照体（G）是位移主体在位移时位移路径所参照的实体或在客观静止时位移主体所处方位的参照物。除了这四个主要素之外，移动事件还可能包含其他一些次要素，例如方式（Manner）或原因（Cause）。真实位移事件无疑是典型的位移事件，而虚拟位移虽然并没有发生真正的位移，但属于一种特殊的空间位移事件，同样包含位移事件所包含的这些语义要素。因此，在本章中，我们将基于位移主体、位移路径、位移方式和位移时间/距离这四大语义特征，对比研究真实位移和虚拟位移的特点。

第二节 真实位移与虚拟位移位移主体的对比研究

显然，根据真实位移和虚拟位移的定义，真实位移表达的位移主体是具有［＋移动］、［＋生命性］语义特征的实体（如人、动物等）。而虚拟位移构式的位移主体必须是具有［－移动］、［－生命性］语义特征的实体。但并不是所有具有［－移动］、［－生命性］语义特征的实体都可以成为虚拟位移的主体，要想充当虚拟位移构式的位移主体，还必须具备如［＋长方形］以及［＋空间延伸性］的语义特征（韩玮，2012；

晏诗源、李秋杨，2013），或者同时具备［－移动］、［－生命性］和［＋连贯性］语义特征。如：

(5) The athlete runs through the valley. （Matlock，2001：3）

(6) * The pencil runs along the book. （杨静，2013：45）

(7) The trail runs through the woods. （Matlock，2004a：1395）

(8) The Big Dipper wheeled around Polaris. （COCA）

例（5）是真实位移表达，其位移主体"athlete"（运动员）是空间上可以移动的生命体，符合［＋移动］、［＋生命性］的语义特征。例（6）的位移主体是"pencil"（铅笔），具有［－移动］、［－生命性］和接近［＋长方形］的语义特征，但由于其在空间上不可延展，因此不能作为虚拟位移构式的位移主体，例（6）作为虚拟位移表达，是不可接受的。例（7）的位移主体是"trail"（铁路），同时具有［－移动］、［－生命性］、［＋长方形］和［＋空间延伸性］的语义特征，可以充当虚拟位移构式的主体，因此例（7）是合格的虚拟位移表达。例（8）的位移主体是"Dipper"（北斗七星），具备［－移动］、［－生命性］的语义特征，虽然不具备［＋长方形］和［＋空间延伸性］的语义特征，但北斗七星是由点状集合起来的物体，因此让其具有［＋连贯性］语义特征，人们在认知北斗七星的过程中，人类的空间经验与认知能力使其自然地看成一条线状物体，从这种意义上达到符合［＋长方形］和［＋空间延伸性］的语义特征，因此例（8）是合格的虚拟位移表达。

第三节　真实位移与虚拟位移位移路径的对比研究

移动路径指运动位移主体相对于移动参照物移动的路线或方向。在真实位移表达中，位移路径信息并不是强制的，经常可以省略位移路径。如：

(9) The cars starts to run. （SKELL 语料库）

(10) John began to run. (Matsumoto, 1996a: 195)

(11) The bus goes from Watsonville to Capitola. (Matlock, 2001: 3)

(12) The athlete runs through the valley. (Matlock, 2001: 3)

上述例句的位移主体"car"（汽车）、"John"（约翰）、"bus"（公交车）、"athlete"（运动员）都具备［＋移动］、［＋生命性］的语义特征，属于真实位移表达。例（9）和例（10）的位移动词为方式动词"run"，只蕴含方式信息，句子也没有其他成分表征路径信息，即句子缺乏路径信息，但仍然是合格的真实位移表达句。例（11）和例（12）的位移动词分别是"go"和"run"，也属于方式动词，但不同的是，例（11）和例（12）都借助介词或介词短语，表征了位移路径这一信息，这样的句子也是合格的真实位移表达。因此，在真实位移表达中，无论路径信息出不出现，都不影响其语法和意义的正确性。

然而，在建构虚拟位移事件时，由于路径信息是虚拟位移构式的核心图式，因此路径信息通常是不可缺省的。即虚拟位移事件中的路径成分必须要在语言结构中体现出来，即必须遵循 Matsumoto (1996c: 194－203) 提出的"路径条件"（Path Condition）。如：

(13) * The road starts to run.

(14) The road starts to run along the shore.

例（13）和（14）的位移主体是"road"（公路），属于不可移动的位移主体，句子使用运动动词对其进行描述，因此都属于虚拟位移表达。然而，虽然两者的位移主体都具备［－移动］、［－生命性］、［＋长方形］和［＋空间延伸性］的语义特征，都可以充当虚拟位移构式的主体，但例（13）的位移动词是方式动词"run"，只蕴含方式信息，句子缺少了路径信息，因此句子不合格。例（14）通过介词短语"along the shore"，使位移路径信息得以明确，位移主体"路"的走向以及延伸方向得以体现，因此句子是合格的虚拟位移表达。在"北京大学 CCL 语料库"中搜索"伸展"以及"延伸"两个词条后，发现检索结果中绝大部分包含"伸展"以及"延伸"的虚拟位移句子中都含有并且凸显了位移路径,这进一步说明在虚拟位移构式中,路径信息必须显性地体现出来。

第四节 真实位移与虚拟位移位移方式的对比研究

在真实位移表达中,位移方式信息可以单独编码在表达中,如上节中的例(9)和例(10)。然而,在虚拟位移表达中,位移方式信息遵循 Matsumoto(1996c:195)提出的"方式条件"(Manner Condition)。"方式条件"禁止方式信息编码在虚拟位移表达式中,除非其同时用来表征相关的路径信息。如:

(15) The road zigzagged through / entered/ reached the forest. (COCA)

(16) The path rambles / roams/ wanders through the forest. (Mastsumoto, 1996)

(17) * The road (walks/speeds/hurries/strides).

上述例子都属于虚拟位移,例(15)的位移动词"zigzagged through/entered/reached"既表达方式信息同时又表达路径信息,因此是合格的虚拟位移句。例(16)的位移动词"rambles/ roams/wanders"属于方式动词,只蕴含方式信息,不包括路径信息,但路径信息通过介词"through"得以显现,因此例(16)也是合格的虚拟位移表达式。例(17)的位移动词"walks/speeds/hurries/strides"属于方式动词,只能说明运动的方式,句子也没有其他成分进一步补充说明位移路径信息,因此例(17)是不可接受的虚拟位移表达式。

第五节 真实位移与虚拟位移位移时间/距离的对比研究

在真实位移中,可以添加无论是具体精确或是模糊的时间/距离信息，对位移事件进行进一步的说明。如：

(18) The giver keeps their hands in place for 5 minutes. (SKELL 语料库)

(19) Where else could you ride a bike for 100 miles in a day, stand in line to use the blue room, stand in line to eat and shower, nowhere but on Cycle Oregon. (SKELL 语料库)

(20) 他站起身来一口气讲了十分钟，席间一点掌声和笑语都没有，只好失望地坐下来。(北京大学 CCL 语料库)

(21) 中国香港选手黄金宝与伊朗、日本各一名选手突出大队，配合领骑了 100 公里，其他选手则在后面紧紧追赶。(北京大学 CCL 语料库)

上述例句都属于真实位移表达式，例 (18) 添加了具体、精确的时间信息"for 5 minutes"，进一步说明了位移主体保持位移动作的时间。同样，在例 (20) 的汉语真实位移句中，也添加了精确时间信息"十分钟"，说明主体"他"站起身来说话的持续时间。即使我们将例 (18) 和例 (20) 的精确时间信息改为模糊时间信息，如"for a few minutes"和"一段时间"，句子仍然是可以接受的句子。例 (19) 添加了精确的距离信息"for 100 miles"说明骑行的路程信息，句子是可以接受的表达。例 (21) 也添加了具体的距离信息"100 公里"，也是可以接受的表达。同样，即使我们将这两个具体的距离信息变为模糊的距离信息，如"for hundreds of miles"或"上百公里"，句子仍是可以接受的表达。

然而，在英语虚拟位移表达中，只能添加时间信息，一般不添加距离信息，并且不同类型的虚拟位移对移动时间的具体程度有不同的限制。

钟书能、黄瑞芳 (2015) 在 Matsumoto (1996b：360—363) 的研究基础上，根据位移主体与位移行为的主观性程度将虚拟位移分为以下三个类型：

(22) The mountain range goes from Canada to Mexico. (主观

性虚拟位移）

（23）The highway runs along the river.（原型性虚拟位移）

（24）The road went up the hill (as we proceeded).（准真实虚拟位移）

主观性虚拟位移和原型性虚拟位移的区别在于：主观性虚拟位移的移动主体是不可通行（即人类不可通行）的实体，如例（22）的"mountain range"（山脉）；原型性虚拟位移的位移主体是可通行的实体，如例（23）的"highway"（高速公路）；准真实虚拟位移是指特定的移动主体在特定时间的位移，如例（24）的"road"（公路），位移动词通常不使用除一般现在时以外的其他时态。钟书能、黄瑞芳（2015）据此提出了虚拟位移构式位移时间的句法语义限制：

1）"主观性虚拟位移"不允许添加移动时间。

2）"原型性虚拟位移"允许加模糊的移动时间量，但不允许添加具体的、精确的移动时间量。

3）"准真实虚拟位移"不仅允许添加移动时间，而且还可以添加精确的移动时间。

具体例子和背后的理据我们将在下一章进行详细说明。

第六节 本章小结

虽然我们研究的对象是虚拟位移，但虚拟位移的基础是真实位移，因此，本章主要以真实位移为参照点，对比研究了真实位移和虚拟位移在位移主体、位移路径、位移方式和位移时间/距离这四大语义要素的特征，从而更好地理解虚拟位移各语义要素的特征。通过对比研究，我们发现：1) 真实位移表达的位移主体一般是具有［＋移动］、［＋生命性］语义特征的实体（如人、动物等）。而虚拟位移构式的位移主体必须是同时具有［－移动］、［－生命性］、［＋长方形］以及［＋空间延伸性］语义特征的实体，或者同时具备［－移动］、［－生命性］和［＋连贯性］语义特征的实体。2) 在真实位移表达中，位移路径信息并不是强制的，经常可以省略位移路径。但虚拟位移表达的路径信息遵循"路径条件"，即路径信息必须显性地在语言结构中体现。3) 位移方式信息可以单独编码在真实位移表达中，但在虚拟位移表达中，位移方式信息遵循"方式条件"，即方式信息不能编码在虚拟位移表达式中，除非其同时用来表征相关的路径信息。4) 无论是精确的，还是模糊的时间和距离信息，都可以体现在真实位移表达中，对位移事件进行进一步的说明。而在英语虚拟位移表达中，只能添加时间信息，一般不添加距离信息，并且不同类型的虚拟位移对移动时间的具体程度有不同的限制。具体而言，"主观性虚拟位移"不允许添加移动时间；"原型性虚拟位移"允许添加模糊的移动时间量，但不允许添加具体的、精确的移动时间量；"准真实虚拟位移"不仅允许添加移动时间，而且还可以添加精确的移动时间。

第四章 英汉虚拟位移构式对比研究

第一节 引 言

在上一章中，我们以真实位移表达为基点，通过对比研究了真实位移和虚拟位移表达，初步了解了虚拟位移表达主要语义要素的特征。在第二章第三节位移事件框架理论中，我们提到，Talmy（2000b：99—175）指出位移事件包括"移动"事件状态和"静止不动"事件状态。一个移动事件通常包括四个主要语义要素：位移主体（Figure）、位移行为（Motion）、位移路径（Path）和位移参照框架（Ground）。除了这四个主要素之外，移动事件还可能包含其他一些次要素，例如方式（Manner）或原因（Cause）。虚拟位移虽然不是真正的位移，但属于一种特殊的空间位移事件，同样包含位移事件所包含的这些语义要素。为了更好地探讨英汉虚拟位移构式互译和习得研究，本章首先从虚拟位移所包含的主要特征要素（位移主体、位移路径、位移方式和位移时间/距离）出发，对比研究英汉虚拟位移构式的相同点和不同点。

第二节 英汉虚拟位移位移主体对比研究

英汉虚拟位移的位移主体是空间上静止的实体，即具有［—移动］、

[−生命性]语义特征的实体。但并不是所有具有[−移动]、[−生命性]语义特征的实体都可以成为虚拟位移的主体,如:

(1) *那部电话机一直伸到桌子边。(黄新华、韩玮,2012)
(2) *The pencil runs along the book. (杨静,2013)

例(1)的位移主体是"电话机",例(2)的位移主体是"pencil"(铅笔),两者都具有非生命性和非移动性的语义特征,却不能作为虚拟位移的位移主体。那是因为虚拟位移表达式对移动主体具有选择性。除了[−移动]、[−生命性]语义特征外,[+长方形]、[+空间延伸性]这两种语义特征是充当虚拟位移主体的必要条件。(黄新华、韩玮,2012;晏诗源、李秋杨,2013:25)例(1)和例(2)的"电话机"和"pencil"虽然符合[+长方形]的语义特征,但都不具有空间延伸性的特征,因此它们均不符合作为英汉虚拟位移构式位移主体的要求,因此都是不可接受的表达式。又如:

(3) The main buildings run along the east bank of the stream. (COCA)
(4) 远看长城,它像一条长龙,在崇山峻岭之间蜿蜒盘旋。(义务教育课程标准实验教科书·语文(四年级上册))
(5) *她手上那枚戒指伸向手心。(北京大学CCL语料库)
(6) *呼啦圈沿着操场延伸。(转引自黄新华、韩玮,2012)

上述例句中,例(3)和例(4)的位移主体"buildings"和"长城"都具有以上我们提到的可以充当虚拟位移位移主体的[−生命性]、[−位移性]、[+长方形]、[+空间延展性]语义特征,因此是合格的位移主体。然而,例(5)和例(6)中的"戒指"和"呼啦圈"虽然符合[−生命]、[−位移]的语义特征,但不符合[+长方形]、[+空间延展性]的语义特征,因此不能作为虚拟位移的位移主体。

除上述提到的语义特征外,我们发现同时具有[−生命性]、[−位移性]、[+连贯性]语义特征的位移主体,也能作为英汉虚拟位移构式的位移主体。如:

（7）春天的夜晚，我们顺着北斗七星的斗柄曲线，向东南方向延伸下去，在大约与斗柄长度相等的地方，就能找到它。（北京大学 CCL 语料库）

（8）第二天早上醒来屋里不见奶奶，开门后，见一行脚印孤零零地伸向雪野，在脚印的那一端，包着红头巾的奶奶，化作一个小红点，无声无息地伫立着。（转引黄新华、韩玮，2012）

（9）The Big Dipper wheeled around Polaris. (COCA)

例（7）、（8）和（9）中的"北斗七星的斗柄曲线""脚印"和"Big Dipper"都是点状连续统集合在一起的主体，具有典型的连贯性。具有［＋连贯性］特征的主体也可以成为虚拟位移位移主体背后的理据主要是格式塔完型心理效应。在完型心理学中，人类对整体的感知遵从认知接近原则，距离相近的事物容易被看成是一个整体。因此，具有［＋连贯性］特征的事物其实是由于人在认知这些主体时，不可避免的因格式塔完型心理效应将上述事体看成一条线状物体，从而使之符合［－生命性］、［－位移性］、［＋空间延展性］以及［＋长方形］等语义特征，成为合格的位移主体。我们还发现，虽然这类主体在英汉虚拟位移构式中均可担当位移主体，但在英汉两种语言中的使用频率却有较大的差异。从美国当代英语语料库（COCA）及北京大学汉语语料库（CCL）的检索情况看，汉语中类似具有连贯性的点状集合体担当虚拟位移主体的频率远比英语中多，这也从侧面反映了两种语言的不同特性。

总结而言，英汉虚拟位移构式位移主体的特征并无明显的差异，位移主体只要同时具备［－生命性］、［－位移性］、［＋长方形］、［＋空间延展性］语义特征，或者同时具备［－生命性］、［－位移性］、［＋连贯性］语义特征，都可以充当英语和汉语的虚拟位移主体。

第三节 英汉虚拟位移位移路径对比研究

在第二章第四节词汇化模式中，我们提到，位移事件的核心图式是路径。同样，虚拟位移也属于位移事件，其核心图式也是路径。因此，路径信息必须显性被蕴含在虚拟位移构式中，否则不能构成虚拟位移表达式。这就是Matsumoto（1996c：194－203）所提出的"路径条件"(Path Condition)。例如：

(10) *The road began to run.

(11) The road began to run along the shore.

(12) The road began to ascend/descend/curve.（Matsumoto，1996c：195）

例（10）—（12）以"路"作为主语，表达的是虚拟位移，位移动词"run"（跑）是方式动词，只蕴含方式信息，不包含路径信息。由于虚拟位移构式必须遵循"路径条件"，即路径信息必须显性体现在虚拟位移句中，但路径信息并没有在例（10）中表征出来，因此句子不可接受。在例（11）中，我们用介词短语"along the shore"补充了例（10）中所缺少的路径信息后，句子便成为可接受的表达式了。当然，在例（12）中，我们直接把方式动词"run"替换成路径动词"ascend"/"descend"/"curve"，句子同样可接受。

既然英语虚拟位移构式的路径信息必须遵循"路径条件"，那汉语虚拟位移构式的路径信息是否同样也遵循"路径条件"呢？大多数中国学者（范娜，2011：107；韩玮，2012：53；钟书能、黄瑞芳，2015b；钟书能、傅舒雅，2016；黄瑞芳，2016；傅舒雅，2017；钟书能、黄瑞芳，2017）认为，汉语虚拟位移构式也遵循"路径条件"。汉语也存在与例（10）—（12）对应的表达式，如：

(13) *这条路开始走。（黄新华、韩玮，2012）

(14) 这条路开始沿着岸边走。

(15) 这条路开始上升/下降。

(16) 这条路伸向边境。

我们一般不能说"这条路开始走"，这是因为这是一个虚拟位移表达式，位移动词"走"属于方式动词，只能表征方式信息，所以这一表达式缺乏路径信息，不能构成虚拟位移表达。但当我们在例（13）表达的基础上加上"沿着岸边"这一表征动词"走"的路径信息时,这一表达就成了可接受的表达。例(15)也是可以接受的表达,因此动词"上升"/"下降"属于路径动词,已经将路径信息蕴含到了路径动词中。例(16)在方式动词"伸"的基础上,添加了方向动词"向"表征其路径信息,同样属于合格的虚拟位移表达。因此,我们可以看到,在汉语虚拟位移表达中,如果缺乏语言手段去表达相关的路径信息,则是不合格的表达式。这说明在汉语虚拟位移构式中,路径信息必须体现在虚拟位移表达中,否则虚拟位移表达式不正确。因此,汉语虚拟位移构式同样遵循 Matsumoto(1996a:194—203)所提出的"路径条件"。

但同时,我们也发现了英汉虚拟位移构式路径信息表征的差异。英汉虚拟位移的路径信息都可以体现在"路径动词"和"介词"上,如例(12)和例(15),路径信息直接通过路径动词"ascend"/"descend"/"curve"和"上升"/"下降"体现出来。而例(11)和(14)通过介词或介词短语"along the shore"和"沿着岸边"表征路径信息。但汉语虚拟位移的路径信息还可以体现在"方向动词"上,如例(16)中的"向"和一些其他的方向动词"来""去"等。

第四节 英汉虚拟位移位移方式对比研究

虽然方式信息属于次事件要素,但在虚拟位移构式中非常重要。英语虚拟位移构式禁止方式信息编码在虚拟位移表达中,除非其同时用来表征相关的路径信息。这就是 Matsumoto(1996c:194)提出虚拟位移构式必须遵循的"方式条件"(Manner Condition)。如:

(17) The road (went into/zigzagged through/entered/reached) the forest

(18) * The road (walks/ speeds/ hurries/ strides) through the park.(Matsumoto,1996c:196)

(19) * The road runs (angrily/happily/desperately/slowly) through the forest.(Matsumoto,1996a:361)

以上例句都以"路"作为主语，表达的是虚拟位移，例（17）中的短语动词"go into"和"zigzag through"，路径动词"enter"和"reach"既表达方式信息，又同时表达了路径信息，因此句子合格。但例（18）中的方式动词"walk"，"speed"，"hurry"和"stride"只蕴含方式信息，不包含路径信息，因此句子不合格。例（19）中修饰移动动词"run"的副词"angrily"，"happily"，"desperately"，"slowly"等表达的都是方式信息，不表达任何路径信息，因此句子也不合格。总而言之，不管方式信息是蕴含在动词中（如（17）和（18）），还是蕴含在副词中（如（19）），英语虚拟位移都遵循"方式条件"。

虽然有所争议，但我国大多数学者（范娜，2011：108－109；韩玮，2012：53－54；钟书能、黄瑞芳，2015b；钟书能、傅舒雅，2016a，2016b；黄瑞芳，2016；傅舒雅，2017；钟书能、黄瑞芳，2017）认为汉语虚拟位移也遵循"方式条件"。如：

（20）如今一色的柏油路通向国道，通向市区，通到每家每户的门前。

（21）*高速公路（缓慢地/愤怒地/疯狂地）穿越沙漠。

（22）那条小径本来是缓缓地上升，现在它开始往着一个河谷急速下降。（范娜，2011：108）

以上例句以"柏油路""高速公路"和"小径"作为主语，表达的都是虚拟位移。"通"虽然是方式动词，但"向"表征了路径信息，因此例（20）是正确的表达式。例（21）中的副词"缓慢地""愤怒地"和"疯狂地"仅仅表征了方式信息，而例（22）的副词"缓缓地"和"急速"不仅表征了方式信息，还暗示了"小径"本来是平坦的，后来变得陡峭，表达了相关的路径信息，因此例（21）不成立而例（22）成立。

虽然英汉虚拟位移构式都遵循"方式条件"，但方式信息在句法上的表征却存在差异。Talmy（2000b）认为，汉语和英语都属于方式语言，或者称附加语框架语言，存在大量的方式动词，但在虚拟位移构式中，两者却有所差异。英语虚拟位移倾向于使用大量的方式动词，但大多数方式动词却不能用在汉语虚拟位移构式中。韩玮（2012）从六本与旅游有关的散文书中收集了91个汉语虚拟位移句，发现91个句子中一共使用了118个动词，但其中只有8个是方式动词，仅占了所有动词的6.8%。此外，方式状语的使用也受到一定的限制，只有诸如"缓缓地""笔直地""一直""径直"等方式副词能用在汉语虚拟位移表达中。（韩玮，2012：54）

第五节 英汉虚拟位移位移时间/距离对比研究

时间/距离语义要素是虚拟位移表达特殊的语义要素。英语趋向时间的表达，而汉语则倾向距离的表达，因此，时间语义要素主要体现在英语虚拟位移构式中，而距离语义要素主要体现在汉语虚拟位移构式中。在第一章第三节虚拟位移的分类中，我们提到，Matsumoto（1996a）把延伸路径虚拟位移分为三种：视点位移（sight motion）、假设位移（hypothetical motion）和现实位移（actual motion）。钟书能、黄瑞芳（2015）根据移动主体与移动行为的主观性程度，将其分别称为主观性虚拟位移、原型性虚拟位移和准真实虚拟位移。我们采用钟书能、黄瑞芳（2015a，2015b）的术语。Matsumoto（1996a：360—363）提出，不同次类型的虚拟位移对移动时间的具体程度有不同的限制。

1）主观性虚拟位移不允许添加移动时间，如：

(23) *The mountain range goes along the coast for some time. (Matsumoto，1996a：362)

例（23）属于主观性虚拟位移，由于其在句尾添加了"for some time"这个移动时间量，因此句子不合格。

2）原型性虚拟位移允许添加模糊的移动时间量，但不允许添加具体的、精确的移动时间量。如：

(24) The highway runs along the river for a while.

(25) The footpath goes along the river for 15 minutes. (Matsumoto, 1996a: 362)

例（24）和（25）的主语都是可通行的实体，属于原型性虚拟位移，时间短语"for a while"表达的是模糊的时间段，在句中指高速公路沿着河边"移动"的时间，因此例（24）是可接受的虚拟位移句。但"for 15 minutes"表达的是精确的移动时间，不允许添加在假设位移句后，除非说话人和听话人对假想的位移主体的运动速度具有共识，因此例（25）的表达存在问题。

3）准真实虚拟位移不仅允许添加移动时间，而且还可添加精确的移动时间。如：

(26) The road (I was driving on) went along the river for 3 minutes.

(27) The highway will enter California (soon/in a few minutes/in 3 minutes).

(28) This highway will go through this tunnel in 3 minutes. (Matsumoto, 1996a: 363)

从移动动词的时态可以看出，以上例句属于准真实虚拟位移，既允许添加诸如"soon"，"in a few minutes"这样模糊的移动时间，也允许添加类似"for 3 minutes"，"in 3 minutes"这样精确的移动时间。

钟书能、黄瑞芳（2015b）通过主观性对其限制进行了认知解读，结论如下：主观性越强，时间性就越低，即对移动时间描述的详略度程度就越低；主观性越弱，时间性就越高，对移动时间描述的详略度程度就越高。由于主观性虚拟位移的主观性最强，时间性最低，所以主观性虚拟位移不允许添加时间量的表达。准真实位移的主观性最弱，时间性最高，所以准真实位移不仅允许添加时间量的表达，还可以添加精确的移动时间表达。而原型性虚拟位移的主观性居中，所以其对移动时间描述的详略程度比主观性虚拟位移的高，体现在原型性虚拟位移允许添加时间量的表达；但其详略程度又比准真实位移的低，体现在原型性虚拟位移只允许添加模糊时间量的表达,而不能添加精确时间量的表达。综上所述,主观性的程度与不同类型的虚拟位移表达对移动时间的限制如表1所示。

表1 主观性程度与不同类型虚拟位移表达对移动时间的限制

虚拟位移的类型	移动时间	主观性程度
主观性虚拟位移	不允许有移动时间的说明	强
原型性虚拟位移	允许有模糊时间的说明,但不允许有精确时间的说明	↓
准真实虚拟位移	允许有模糊时间的说明,也允许有精确时间的说明	弱

然而,汉语虚拟位移构式,无论是主观性虚拟位移、原型性虚拟位移,还是准真实虚拟位移,都不允许添加任何移动时间的表达。(铃木裕文,2005:15)在汉语中,与英语移动时间对应的是有关"距离"的表达。(王义娜,2012:3)例如:

(29) The highway runs along the coast for a while.

(30) *高速公路有一会儿时间沿海岸线而行。

(31) 高速公路有一段路沿海岸线而行。(王义娜,2012:3)

(32) 刚果河的河槽在大西洋底延伸了150千米。(CCL)

例(29)—(31)的主语都是"高速公路",动词使用一般现在时,属于原型性虚拟位移。在例(30)中,移动时间量"有一会儿时间"添加到原型性虚拟位移表达时,句子不可接受。但当表示距离的短语"有一段路"添加到原型性虚拟位移表达时,如例(31)所示,句子则可以接受。因此,例(29)对应的汉语表达是例(31),而非例(30)。因为汉语虚拟位移句的时间量并不是由有关时间的短语来表达,而是由汉语的时体标记词如"了""着"等来表达。如例(32),例(32)的动词使用了完成时"了",属于准真实虚拟位移,不仅允许添加模糊距离量,也可以添加精确的距离量"150千米"。

跟英语虚拟位移构式类似,不同类型的汉语虚拟位移对距离详细程度表达的限制不同。具体情况如下。

1)汉语主观性虚拟位移不允许添加移动距离的信息。

汉语主观性虚拟位移作为一种视点虚拟位移,是一种纯粹的、高度的主观位移,对于移动距离的限制程度最高,在这类虚拟位移构式中,不允许添加任何移动距离的信息。

2)汉语原型性虚拟位移允许添加移动距离的信息,但仅允许添加模糊的移动距离信息。

汉语原型性虚拟位移作为虚拟位移的原型,是任意主体在任意时间内的位移,仅允许添加模糊移动距离信息,如"一段路"等。

3)汉语准真实虚拟位移表达不仅可以添加移动距离信息的表达,且可添加精确的移动距离表达。

准真实虚拟位移表达的是一个特定的移动主体在特定时间内的位移,其接近于真实位移,不仅可以添加移动距离信息的表达,且可添加精确的移动距离表达。如:

(33)*这里阒无一人,眼下只是绵绵群山,趁着月色,直铺天边几公里。

(34)一条狭窄的走廊直接穿过房子几公里,通向后花园。

(35)*一条狭窄的走廊直接穿过房子3公里,通向后花园。

(36)很高,正在我面前,在我身边,在我后面,延伸至无穷。

(37)很高,正在我面前,在我身边,在我后面,延伸至10米高。

例(33)属于主观性虚拟位移,不能添加任何距离信息,因此添加距离信息"几公里"后,表达不成立。例(34)属于原型性虚拟位移,只能添加模糊的距离信息"几公里",不能添加具体的距离信息"3公里",如例(35)。因此例(34)是合格的表达,而例(35)的表达不可以接受。例(36)是准真实虚拟位移,可以添加模糊距离表达"无穷",也可以添加具体的距离表达"10米",因此例(36)和例(37)都可以接受。

钟书能、傅舒雅(2016a,2016b)认为,要识解英、汉虚拟位移中位移主体在时间和距离表达上的语义限制问题还得从英汉语言的本质差异上入手追本溯源。王文斌（2013a，2013b，2015）认为英语是时间性语言，而汉语是空间性语言。英语如音乐，偏重于时间，是一种时间性语言，注重结构的连续性和延续性；而汉语如绘画，是一种空间性语言，偏重于空间定位，擅长具象语言编码，变现为对空间中所显现的事物进行具象模拟。换言之，英语是时间性语言，往往借助时间的延续来反映客观事物，而汉语是空间性语言，往往是对空间中显现的事物进行临摹。正是因为英语重时间性而汉语重空间性，才产生了上述例句中的不同语义限制问题。英语虚拟位移表达中，时间的表达远远多于距离的表达；与之相对的汉语则是在距离的表达上更为频繁。

第六节 本章小结

本章主要基于位移事件框架理论，对比分析了英汉虚拟位移构式在位移主体、位移路径、位移方式和位移时间/距离四大语义要素的相同点和不同点，为英汉虚拟位移的翻译和习得研究打下基础。研究发现：1）英汉虚拟位移构式位移主体的特征并无明显的差异，位移主体只要同时具备［－生命性］、［－位移性］、［＋长方形］、［＋空间延展性］语义特征，或者同时具备［－生命性］、［－位移性］、［＋连贯性］语义特征，都可以充当英语和汉语的虚拟位移主体。2）英汉虚拟位移构式的路径信息都遵循"路径条件"，即路径信息必须显性被蕴含在虚拟位移构式中，否则不能构成虚拟位移表达式。但在具体的表征上，存在一些差异，即英汉虚拟位移的路径信息都可以体现在"路径动词"和"介词"上，但汉语虚拟位移的路径信息还可以体现在汉语特有的"方向动词"（如来、去、向等）。3）英汉虚拟位移构式在方式信息上都遵循"方式条件"，即禁止方式信息编码在虚拟位移表达中，除非其同时用来表征相关的路径信息。但方式信息在句法上的表征却存在差异。英语虚拟位移倾向于使用大量的方式动词，但大多数方式动词却不能用在汉语虚拟位移构式中。此外，在汉语虚拟位移构式中，方式状语的使用也受到一定的限制，只有诸如"缓缓地""笔直地""一直""径直"等方式副词能用在汉语虚拟位移表达中。4）在特殊语义要素上，英语虚拟位移构式只能添加时间要素，并且不同类型的虚拟位移构式对时间语义要素的限制不同：主观性虚拟位移不允许添加移动时间；原型性虚拟位移允许添加模糊的移动时间量，但不允许添加具体的、精确的移动时间量；准真实虚拟位移不仅允许添加移动时间，而且还可添加精确的移动时间。而汉语虚拟位移构式不能添加时间语义要素表达，只能添加有关距离的要素表达。跟英语虚拟位移构式类似，不同类型的汉语虚拟位移对距离详细程度表达的限制不同：汉语主观性虚拟位移不允许添加移动距离的信息；原型性虚拟位移允许添加移动距离的信息，但仅允许添加模糊的移动距离信息；准真实虚拟位移表达不仅可以添加移动距离信息的表达，且可添加精确的移动距离表达。这是由于主观性虚拟位移、原型性虚拟位移、准真实虚拟位移的主观性程度构成一个连续统，其主观性程度递减。而主观性越强，时间性就越低，对移动时间描述的详略度程度就越低。因此主观性虚拟位移不允许添加时间量的表达。原型性虚拟位移允许添加时间量的表达，但只允许添加模糊时间量的表达，而不能添加精确时间量的表达。准真实位移不仅允许添加时间量的表达，还可以添加精确的移动时间表达。而英汉虚拟位移构式在这一特殊语义要素下具有很大差异的根本原因是英语是时间性语言，而汉语是空间性语言。

翻译篇

第五章 英语虚拟位移构式汉译技巧研究

第一节 引 言

基于前三章的理论基础,在翻译篇,我们将分两章分别探讨英语虚拟位移构式的汉译技巧和汉语虚拟位移构式的英译技巧。本章将首先探讨英语虚拟位移构式位移主体、位移行为、位移路径、位移方式以及位移时间量和距离量的汉译技巧。为了更科学地进行研究,我们自建了小型语料库,语料库共计 100 万字,语料来源包括:

1) *Alice in Wonderland*,Lewis Carrol,London:Simon & Brown,2010.

2)《爱丽丝漫游奇境记》,王永年译,成都:四川少年儿童出版社,2016 年。

3) *Walden*,Henry David Thoreau,New York:Random House,1983.

4)《瓦尔登湖》,徐迟译,北京:外文出版社,2014 年。

5) *Canoeing in the Wilderness*,Henry David Thoreau,Marblehead:Trajectory,Inc. ,2014.

6)《荒野孤舟》,杜伟华译,北京:光明日报出版社,2012 年。

我们对于上述语料进行人工检索，统计出共计122句汉英虚拟位移表达，并对其翻译方法进行总结，得出相应的翻译策略。

第二节　英语虚拟位移位移主体的汉译技巧

2.1　位移主体的选择

在上一章中，通过对英汉虚拟位移构式的对比研究，我们发现，英汉虚拟位移构式位移主体的特征并无明显的差异，位移主体只要同时具备［－生命性］、［－位移性］、［＋长方形］、［＋空间延展性］语义特征，或者同时具备［－生命性］、［－位移性］、［＋连贯性］语义特征，都可以充当英语和汉语的虚拟位移主体。

通过搜索自建语料库中的位移主体，我们发现，频率排在前三名的分别为：roads，trees 和 sand heap。逐一分析位移主体各自所蕴含的特征后，我们发现，虚拟位移构式的位移主体完全符合以上要求的语义条件，如表1所示。

表1　自建语料库中高频率虚拟位移主体的句法语义特征

位移主体	［－生命性］	［－位移性］	［＋空间延展性］	［＋长方形］	［＋连贯性］
railroad（铁路）、highway（公路）、tunnel（隧道）	√	√	√	√	√
tree（树木）、wild sumach（野黄栌树）、pine tree（松树）	√	√			√
sand heap（沙洲）、yellow sand（黄沙地）	√	√			√

如：

(1) They are but improved means to an unimproved end, an

end which it was already but too easy to arrive at; as *railroads* lead to Boston or New York. (*Walden*, Henry David Thoreau)

（2）The *highway* continues along the bends through the dense forestry. （SKELL 语料库）

（3）*The tree* shave ample room to expand on the water side, and each sends forth its most vigorous branch in that direction. (*Walden*, Henry David Thoreau)

（4）*Wild sumachs and blackberry vines* breaking through into your cellar; pointing into the bay he said that it was the way to various lakes which he knew. (*Walden*, Henry David Thoreau)

（5）There were some slight flurries of snow during the days that I worked there; but for the most part. When I came out on to the railroad, on my way home, its *yellow sand heap* stretched away gleaming in the hazy atmosphere, and the rails shone in the spring sun, and I heard the lark and pewee and other birds already come to commence another year with us. (*Walden*, Henry David Thoreau)

例（1）至例（5）句中的位移主体分别是"railroads"（铁路）、"highway"（高速公路）、"tree"（树）、"wild sumachs and blackberry vines"（野漆树和黑莓藤蔓）以及"yellow sand heap"（黄沙地），其中，"railroads"（铁路）、"highway"（高速公路）具备［－生命性］、［－位移性］、［＋空间延展性］、［＋长方形］的语义特征，而"tree"（树）、"wild sumachs and blackberry vines"（野漆树和黑莓藤蔓）和"yellow sand heap"（黄沙地）具备［－生命性］、［－位移性］、［＋连贯性］语义特征，都可以充当虚拟位移构式的位移主体。

2.2 位移主体的翻译

在建构虚拟位移构式时，位移主体在句法结构上大多用名词或者代词表征，英汉两种语言共通性较强。英语中的名词或代词通常在汉语中可找到对应表达，如"tree"——"树"，"railway"——"（铁路）"。词汇转换相对简单，而本章探究的重点是句子整体结构层面上的转化。我们认为虚拟位移是对位移主体及其位移参照物所构成的静态空间场景的主观刻画。在研究位移主体的翻译的时候，我们关注的重点在于在英文中的虚拟位移在译为汉语之后是否也同样以虚拟位移形式来表达？如果不是以虚拟位移来表达，那么转换成了什么句式？

通过分析自建小型语料库中的例句，我们发现，汉译英语虚拟位移构式的位移主体时，通常可以采取虚拟位移句译为虚拟位移句、英语虚拟位移句转换为汉语静态描写句以及英语静态描写句转换为汉语虚拟位移句三种翻译技巧，下面将分别进行阐释。

2.2.1 虚拟位移句译为虚拟位移句

英语虚拟位移句译为汉语虚拟位移句是最常见的一种译法，在语料库中的62句英语虚拟位移句中，57句译为汉语时译者继续采用了虚拟位移句的译法，比例高达91.9%。如下例所示：

(6) So *trees—the large limbs* bend toward south. (*Canoeing in the Wilderness*，Thoreau)

译文：树的粗大枝条就向南伸展。(《荒野孤舟》，杜伟华译)

(7) *The western shore*, near which we paddled along, rose gently to a considerable height and was everywhere densely covered with the forest. (*Canoeing in the Wilderness*，Thoreau)

译文：我们划着桨，靠西岸很近，岸边的地势渐渐升起了许多，到处都是茂密的森林，林子里有很多硬木阔叶树，点缀在冷杉和云杉之间。(《荒野孤舟》，杜伟华译)

以上两例句中，原文中本是静止的位移主体"the large limbs"和"the western shore"在语言表达中发生了"位移"，在译为汉语时同样遵循了英语中的表达，发生了"伸展""升起"的动作。这种继承在英汉虚拟位移构式翻译中极为常见，但仍有部分虚拟位移句中并没有遵循上述译法,在接下来的两节中,笔者将介绍除了译为虚拟位移句以外的两种译法,分别为:虚拟位移句转换为静态描写以及静态描写句转化为虚拟位移句。

2.2.2 英语虚拟位移句转换为汉语静态描写句

在研究过程中,我们发现,在翻译中,译者常常取消虚拟位移的表达方式,以静态描写的方式直接取而代之。如:

(8) Where now *firm open fields stretch from the village to the woods*, *it* then *ran through a maple swamp* on a foundation of logs, the remnants of which, doubtless, still underlie the present dusty highway, from the Stratton, now the Alms House Farm, to Brister's Hill. (*Walden*, Henry David Thoreau)

译文:现在从村子到森林中间有一大片空旷的原野,当时是一个枫树林的沼泽地区,许多的木料是那里的小径的基础,现在成了多尘土的公路了,从现在已经是济贫院的斯特拉登,经过田庄,一直通到勃立斯特山的公路下,无疑还找得到它的痕迹。(《瓦尔登湖》,徐迟译)

在例(8)中,原文共有两处虚拟位移表达。第一处是"Where now firm open fields stretch from the village to the woods",此虚拟位移表达的位移主体为 firm open fields,位移动词为 stretch,位移路径为 from the village to the woods,作者将本不能移动的 firm open fields 经过认知主体的认知转喻使得它可以从村中延伸到森林,徐迟在翻译时,并没有把它译为"旷野从村子延伸到森林中",而是将原本动态的虚拟位移语言结构转化为静态描写的存在句结构,将其译为"从村子到森林中间有一大片空旷的原野"。第二处是"it then ran through a maple swamp on a foundation of logs",其位移主体为 it,位移动词为 ran,移动路径为 through,移动参照框架为 a maple swamp。梭罗同样将无生命且不能移动的 it(field)通过心理扫描虚拟位移方式描绘出来。但徐迟在这里依然没有使用直译法将其译成"它穿过了一片枫树林的沼泽地",而是再次将其译为静态描写句"当时是一个枫树林的沼泽地区"。

汉语译文中的静态场景与动态场景在语言结构中的调整并不意味着不忠实于原文,而是为更好地体现认知主体的主观性这一心理认知活动,是一种更高层次上的忠实。

2.2.3 英语静态描写句转换为汉语虚拟位移句

在英译的过程中,另一种涉及虚拟位移表达的翻译技巧是将静态描写句转换为虚拟位移表达。原本叙述性静止的场景在译者笔下可以转换为虚拟位移,使译文更加生动,读者从译文中即可生成虚拟位移场景,如:

(9) The one end *terminating* in a shrub-oak copse where I could rest in the shade, the other in a blackberry field where the green berries deep-ended their tints by the time I had made another bout. (*Walden*, Henry David Thoreau)

译文:它一端延伸到一座矮橡林为止,我常常休息在它的浓荫下;另一端延伸到一块浆果田边,我每走一个来回,总能看到那里的青色的浆果颜色又微微加深了一些。(《瓦尔登湖》,徐迟译)

例(9)描写的是一块阴影的空地,空地的两边一端到矮橡林为止,另一端到浆果田边,而徐迟在翻译时,并没有直译这个句子,而是巧妙地加了一个动词"延伸",将其转化为动态的虚拟位移句,使原本枯燥无生命的场景有了生命,使读者在读译文的过程中能主观性地想象到朝气蓬勃的画面。

又如:

(10) Where now *firm open fields* stretch from the village to the woods, it then ran through a maple swamp on a foundation of logs, the remnants of which, doubtless, still underlie the present dusty highway, from the Stratton, now the Alms House Farm, to

Brister's Hill. (Walden,Henry David Thoreau)

译文：现在从村子到森林中间有一大片空旷的原野，当时是一个枫树林的沼泽地区，许多的木料是那里的小径的基础，现在成了多尘土的公路了，从现在已经是济贫院的斯特拉登，经过田庄，一直通到勃立斯特山的公路下，无疑还找得到它的痕迹。(《瓦尔登湖》，徐迟译)

在前面例（8）中，我们已经讨论其位移主体 firm open fields 的翻译技巧，不过在这里要讨论的是其后半部分。梭罗本是采取描述性的语言描述公路起于斯特拉登，终到勃立斯特山的公路下。在本段落中梭罗前两句话采用虚拟位移，最后一句采取静态描写叙述公路位置，而在徐迟的笔下，前两句被转换为静态描写，而将最后一句静态描写转化为虚拟位移。究其原因，主要是因为英语的特性决定了英语表达相对汉语类型更多样，描写更细致，虚拟位移句出现的频率更高。

第三节　英语虚拟位移位移行为的汉译技巧

位移行为是研究虚拟位移构式翻译中不得不讨论的一个要素，本节首先就位移动词不同时态表现进行分析，同时探析其翻译技巧，随后对移动行为动词的分类及其翻译技巧进行探究。

3.1　位移动词的时态

我们首先观察以下表达：

(11) Jim **throws** it into the water.

(12) Jim **threw** it into the water.

(13) Jim **is throwing** it into the water.

在上述例句中，通过位移动词的变化我们可以很明确地感知出位移动作发生的时间，以及时态该如何翻译。虽然国内外语言学家对时态的定义有很多，但其相同点在于：他们都认为时态是用于表征时间关系的。而在虚拟位移结构中，由于动作是虚拟的，不存在实际发生的时间，在这种情况下，位移动词时态该如何表征呢？在分析了自建语料库中的英语虚拟位移句样本后，我们发现英语虚拟位移构式的位移动词的时态有两种：一般现在时和一般过去时，如表2所示。

表 2 英语虚拟位移的位移动词的时态表征

频数	现在时	过去时
出现次数	22	16
所占比率（%）	57.9	42.1

从表2中，我们可以看出，57.9% 英语虚拟位移的位移动词时态为一般现在时，占大多数，42.1% 英语虚拟位移的位移动词时态为一般过去时。下面我们将就这两种时态的表现形式分别分析并探究其翻译方式。

3.1.1 一般现在时的翻译

英语中的一般现在时一般表示经常发生的事情，用来表达"经常性""习惯性""规律性"的事情。在译为汉语时常常带有"平时""常常""总是"等字眼。但如果这些字眼用在虚拟位移的表达中，则与原文意思大相径庭，不能真实地表达原文想要传达的意思。如：

（14） The Great Wall *zigzags* from the valleys to the mountains①.

译文：*长城常常在崇山峻岭之间蜿蜒盘旋。

（15） A bird sits on the next bough, life-everlasting grows under the table, and blackberry vines *run* round its legs; pine cones, chestnut burs, and strawberry leaves are strewn about. (*Walden*, Henry David Thoreau)

译文：小鸟坐在相隔一枝的桠枝上，长生草在桌子下面生长，

---

① 注：下划线表示位移主体，斜体表示位移动词。

黑莓的藤攀住了桌子脚；松实，栗子和草莓叶子到处落满。(《瓦尔登湖》，徐迟译)

(16) There is a distant view of the railroad where it *touches* the pond on the one hand. (*Walden*，Henry David Thoreau)

译文：极目远望只能望见那在湖的一端经过的铁路和在湖的另一端沿着山林的公路边上的篱笆。(《瓦尔登湖》，徐迟译)

(17) The surrounding hills *rise* abruptly from the water to the height of forty to eighty feet，though on the south-east and east they attain to about one hundred and one hundred and fifty feet respectively，within a quarter and a third of a mile. (*Walden*，Henry David Thoreau)

译文：四周的山峰突然地从水上升起，到四十至八十英尺的高度，但在东南面高到一百英尺，而东边更高到一百五十英尺，其距离湖岸，不过四分之一英里及三分之一英里。(《瓦尔登湖》，徐迟译)

(18) The stones *extend* a rod or two into the water，and then the bottom is pure sand，except in the deepest parts，where there is usually a little sediment，probably from the decay of the leaves which have been wafted onto it so many successive falls，and a bright green weed is brought up on anchors even in midwinter. (*Walden*，Henry David Thoreau)

译文：岸石伸展入水，只一二杆远，水底已是纯粹的细沙，除了最深的部分，那里总不免有一点沉积物，也许是腐朽了的叶子，多少个秋天来，落叶被刮到湖上，另外还有一些光亮的绿色水苔，甚至在深冬时令拔起铁锚来的时候，它们也会跟着被拔上来的。(《瓦尔登湖》，徐迟译)

(19) Where now firm open fields *stretch* from the village to the woods，it then ran through a maple swamp on a foundation of logs，the remnants of which，doubtless，still underlie the present dusty

highway, from the Stratton, now the Alms House Farm, to Brister's Hill. (*Walden*, Henry David Thoreau)

译文：现在从村子到森林中间有一大片空旷的原野，当时是一个枫树林的沼泽地区，许多的木料是那里的小径的基础，现在成了多尘土的公路了，从现在已经是济贫院的斯特拉登，经过田庄，一直通到勃立斯特山的公路下，无疑还找得到它的痕迹。(《瓦尔登湖》，徐迟译)

以上例句中，例（14）如果译为"长城常常在崇山峻岭之间蜿蜒盘旋"，则不符合正常表述习惯，去掉"常常"句子才通顺。除了例（19）的一般现在时是表达与过去相对比的、确切的、现在的时间，其他例句中的一般现在时都是表达一种状态，但没有一句译文出现"现在""常常""往往""每每""总""总是""一向""始终都"等字眼。从形式上来说符合英语一般现在时译为中文的一般规律，而且在英语向汉语转换的过程中也并未发生时态的再次转化。

3.1.2　一般过去时的翻译

动词的一般过去时除表示过去的动作或状态外，在科幻小说中也可以使用这一时态来暗示叙述者对事件真实性的否定态度，因为科幻小说本身就是虚构的。英语动词过去时态还可以向心理域的意义延伸，这时，它既不表示过去时间，也不表示非真实性，而是礼貌、间接和尊重的标志，这在英语文学作品中也十分常见。赵世开和沈家煊（1984）发现：英语中一般过去时的句子在译为汉语后，75%的文本带有"了"字。但这种方法却并不符合英语虚拟位移的汉译技巧。统计发现，在自建语料库的16句带有过去时态的英语虚拟位移构式中，没有一句翻译为中文时，用带"了"字的过去标志词进行转换。如：

(20) There were some slight flurries of snow during the days that I worked there; but for the most part when I came out on to the railroad, on my way home, its yellow sand heap *stretched* away

gleaming in the hazy atmosphere, and the rails shone in the spring sun, and I heard the lark and pewee and other birds already come to commence another year with us. (*Walden*, Henry David Thoreau)

译文：我在那里工作的几天之内，还飘过几阵小雪；但当我回家去的途中，出来走到铁道上的时候，在大部分的地方，它那黄沙地一直延伸过去，闪烁在蒙蒙的大气中，而铁轨也在春天的阳光下发光了，我听到云雀、小鹅和别的鸟雀都到了，来和我们一块儿开始过这新的一年。(《瓦尔登湖》，徐迟译)

(21) The low shrub-oak plateau to which the opposite shore arose, *stretched away* toward the prairies of the West and the steppes of Tartary, affording ample room for all the roving families of men. (*Walden*, Henry David Thoreau)

译文：<u>矮橡树丛生的高原升起在对岸，一直向西去的大平原和鞑靼式的草原伸展开去</u>，给所有的流浪人家一个广阔的天地。(《瓦尔登湖》，徐迟译)

(22) But in other directions, even from this point, I could not see over or beyond the wood which *surrounded* me. (*Walden*, Henry David Thoreau)

译文：但是要换一个方向看的话，虽然我站得如此高，却给郁茂的树木围住，什么也看不透，看不到了。(《瓦尔登湖》，徐迟译)

(23) The door *led* right into a large kitchen, which was full of smoke from one end to the other: the Duchess was sitting on a three-legged stool in the middle, nursing a baby; the cook was leaning over the fire, stirring a large cauldron which seemed to be full of soup. (*Walden*, Henry David Thoreau)

译文：这门直通一间大厨房，厨房里充满了烟雾，公爵夫人在房子中间，坐在一只三腿小凳上照料一个小孩。厨师俯身在炉子上的一只大锅里搅拌着，锅里好像盛满了汤。(《瓦尔登湖》，徐迟译)

以上例句，若为非虚拟位移句，则译文中可以译为"延伸到了"

"展开了""围住了""通往了"等。但由于它们都属于虚拟位移表达，因此，在其中文译本中，没有一句包含"了"或者与过去时间相关的表达，所有译文都省略了表时间的词汇，全部都按一般现在时进行汉译。这是由于在英语虚拟位移中，纵然位移动词发生了变形，但它随着整个语篇而进行变形，它既不表示过去的动作，也不表示已经完成，而是一种非范畴化的用法。在英译汉中，译者不能被动词变形的表象所迷惑，一定要对时态问题加以具体把握。英语虚拟位移构式中位移动词的过去时常常译为汉语动词的一般现在时。

3.2 小结

综合上述讨论，统计发现英语虚拟位移的位移动词可以呈现的时态为一般现在时和一般过去时，但一般现在时占的比例大于一般过去时。通过对比译文，我们还发现，在翻译为汉语的虚拟位移时，大部分情况下都会省略时间信息，而将其直接转换为一般现在时进行翻译。

第四节 英语虚拟位移位移路径的汉译技巧

通过对自建语料库中英语虚拟位移表达的结构进行分析，我们发现，英语虚拟位移表达路径信息的方式主要有以下三种。

1) 使用"方式动词＋介词"的形式。如：

(24) She lighted a lamp to show me the inside of the roof and the walls, and also that the board floor *extended under* the bed, warning me notto step into the cellar, a sort of dust hole two feet deep. (*Walden*, Henry David Thoreau)

例（24）的位移主体是 floor，路径信息通过"方式动词＋介词"（extend ＋ under）的形式进行表征。

2) 直接使用"路径动词"进行表征。如：

(25) The noise became *obliterating*. Then solid darkness

descended．（北京大学 CCL 语料库）

例（25）的位移动词是路径动词 descend，无须再添加其他附加的成分即符合"路径"条件，句子成立。

3）使用"方式动词＋状语"的形式。如：

(26) The rabbit-hole *went straight on* like a tunnel for some way, and then dipped suddenly down, so suddenly that Alice had not a moment to think about stopping herself before she found herself falling down a very deep well. （*Alice in Wonderland*, Lewis Carrol)

例（26）虚拟位移的路径信息表征方式是"方式动词＋状语"（go straight on）的形式。

而通过检索自建虚拟位移语料库，我们发现汉语表征路径的方式也有三种，但具体表征的方式却不一样。

1）用"方式动词＋状语"的形式。如：

(27) ＊这条路开始走。

(28) 这条路开始沿着岸边走。

我们不能说"这条路开始走"，因为"走"是方式动词，不能体现路径信息，只能添加状语"沿着岸边"指示路径信息，句子才是可以接受的表达（如例（28））。

2）直接使用"路径动词"，不需要再使用介词短语或副词等其他成分表示路径信息。如：

(29) 这条路开始上升/下降。

例（29）使用了路径动词"上升/下降"，可表征路径信息，就不需要借助其他语法手段，句子就是合格的表达。

3）使用"方式动词＋趋向动词"的方式。如：

(30) 这条路伸向边境。

在例（30）中，"伸"是方向动词，不能表征路径信息，但添加汉语独有的趋向动词"向"表达了路径信息，使虚拟位移句成立。

对比以上英汉虚拟位移构式，我们发现不管是英语还是汉语都遵循路径条件，但路径信息的表征不完全一样。英汉虚拟位移的路径信息都可以体现在单独的"路径动词"结构和"方式动词＋介词/副词"的结构，但汉语虚拟位移的路径信息还可以用汉语独有的趋向动词组成"方式动词＋趋向动词"的结构。在翻译时，英汉的这种不同之处就是我们主要考虑的重点。下面，我们将对英语虚拟位移构式表征路径信息的三种方式的翻译进行深入探讨。

4.1 "方式动词＋介词"的汉译

我们通过对自建语料库中的 102 条例句进行分析，发现"方式动词＋介词"表达路径是英语虚拟位移中最常见的一种路径表达方式，在自建语料库中共有 26 句用这种方式表达，占总虚拟位移的 52%，其翻译方法也是多样的，英语源语言中"方式动词＋介词"的汉译方法主要有以下三种，频次分布如表 3 所示。

表 3 "方式动词＋介词"汉译频次分布

频数	方式动词＋趋向动词	路径动词	方式动词＋状语
出现次数	25	1	3
所占比率（%）	86.2	3.4	10.3

下面我们分别对以上三种方法进行详细讲解，探讨其翻译方式及频率。

4.1.1 转换为"方式动词＋趋向动词"

在翻译以"方式动词＋介词"表征的英语虚拟位移路径信息时，要充分认识英汉两种语言路径表达的差异。在英语中，以"方式动词＋介词"表征路径的方式非常常见，如动词"extend"经常与一系列介词"into / over / up onto / down into"等搭配使用。而汉语则常用"方式动词＋趋向动词"的结构表达路径，如"来到""走进""爬上""走下去""走到""爬上""拐向""延伸到"等。因此，在翻译时，我们常常把英语虚拟位移构式中"方式动词＋介词"的表达转换为汉语常用的"方式动词＋趋向动词"的结构。除此之外，我们还需要充分了解汉语趋向补语词汇的特征以及功能。只有充分意识到两种语言表达的差异并且对汉语的表达特征有所了解后，才能使译文更符合译入语读者的阅读习惯及阅读需求。如：

(31) She lighted a lamp to show me the inside of the roof and the walls, and also that the board floor *extended under* the bed, warning me notto step into the cellar, a sort of dust hole two feet deep. (*Walden*, Henry David Thoreau)

译文：她点亮了一盏灯，给我看屋顶的里边和墙，以及一直伸到床底下去的地板，却劝告我不要踏入地窖中去，那不过是两英尺深的垃圾坑。(《瓦尔登湖》，徐迟译)

(32) Near the end of May, the sand-cherry, (*Cerasuspumila*) adorned the sides of the path with its delicate flowers arranged in umbels cylindrically about its short stems, which last, in the fall, *weighed down* with good sized and handsome cherries, fell over in wreaths like rays on every side. (*Walden*, Henry David Thoreau)

译文：五月尾，野樱桃（学名 *Cerasuspumila*）在小路两侧装点了精细的花朵，短短的花梗周围是形成伞状的花丛，到秋天里就挂起了大大的漂亮的野樱桃，一球球地垂下，像朝四面射去的光芒。(《瓦尔登湖》，徐迟译)

(33) The stones *extend* a rod or two *into* the water, and then the bottom is pure sand, except in the deepest parts, where there is usually a little sediment, probably from the decay of the leaves which have been wafted on to it so many successive falls, and a bright green weed is brought up on anchors even in midwinter. (*Walden*, Henry David Thoreau)

译文：岸石伸展入水，只一二杆远，水底已是纯粹的细沙，除了最深的部分，那里总不免有一点沉积物，也许是腐朽了的叶子，多少个秋天来，落叶被刮到湖上，另外还有一些光亮的绿色水苔，甚至在深冬时令拔起铁锚来的时候，它们也会跟着被拔上来的。（《瓦尔登湖》，徐迟译）

(34) When I first paddled a boat on Walden, it was completely surrounded by thick and lofty pine and oak woods, and in some of its coves grape vines had *run over* the trees next the water and formed bowers under which a boat could pass. (*Walden*, Henry David Thoreau)

译文：我第一次划船在瓦尔登湖上的时候，它四周完全给浓密而高大的松树和橡树围起，有些山凹中，葡萄藤爬过了湖边的树，形成一些凉亭，船只可以在下面通过。（《瓦尔登湖》，徐迟译）

(35) "The first thing I've got to do," said Alice to herself, as she wandered about in the wood, "is to grow to my right size again; and the second thing is to find my way *into* that lovely garden. I think that will be the best plan." (*Alice in Wonderland*, Lewis Carrol)

译文："我的第一件事，"爱丽丝在树林中漫步时对自己说，"是把我变到正常大小，第二件就是去寻找那条通向可爱的小花园的路。这是我最好的计划了。"（《爱丽丝漫游奇境记》，王永年译）

在例（31）中，英语虚拟位移的移动路径用"方式动词+介词"来表达，即extended+under，under在汉语中译为"下"，"下"既可以做路径动词，也可以与路径动词一同表征路径，所以译为"伸到……下"。在这里"下"并不是完全的动词，而是作为趋向补语做"伸"的补充而存在。而抛开这一例句，我们日常生活中"下水""下乡""下基层"中的"下"却都是作为路径动词存在的。例（32）至例（35）同理。

4.1.2 转换为"方式动词+状语"

除了用"方式动词+趋向动词"表路径信息外，汉语也常用"方式动词+状语"的方式表达路径信息。而英语这种表达的频率很低，这是中英的显著差距。如：

(36) They are but improved means to an unimproved end, an end which it was already but too easy to arrive at; as railroads *lead to* Boston or New York. (*Walden*, Henry David Thoreau)

译文：它们只是对毫无改进的目标提供一些改进过的方法，其实这目标早就可以很容易地到达的；就像直达波士顿或直达纽约的铁路那样。(《瓦尔登湖》，徐迟译)

(37) The door *led into* a large kitchen, which was full of smoke from one end to the other: the Duchess was sitting on a three-legged stool in the middle, nursing a baby; the cook was leaning over the fire, stirring a large cauldron which seemed to be full of soup. (*Alice in Wonderland*, Lewis Carrol)

译文：这门直通一间大厨房，厨房里充满了烟雾，公爵夫人在房子中间，坐在一只三腿小凳上照料一个小孩。厨师俯身在炉子上的一只大锅里搅拌着，锅里好像盛满了汤。(《爱丽丝漫游奇境记》，王永年译)

(38) Their opposite sides *sloping toward* each other suggested a stream flowing out in that direction through a wooded valley, but stream there was none. (*Walden*, Henry David Thoreau)

译文：在那儿两座小山坡相倾斜而下，使人感觉到似有一条溪涧从山林谷中流下，但是，却没有溪涧。(《瓦尔登湖》，徐迟译)

在例（36）中，英语虚拟位移用 lead to 即"方式动词+介词"表示移动路径，在翻译过程中，除了"通向"或者"通到"这种译法，还可以在动词前加副词做状语表征路径。译者译为"直达"，从语言效果上更直接地让读者感受到主体和参照物的相对位置,更容易发生心理扫描的映射。

在例(38)中,英语虚拟位移的移动路径用 slope toward 来表示,slope 意为倾斜,一个 toward 表示了相对着的概念。由于中文的语言特性,没有介词或小品词可以与 toward 表达相同的意思,在这种情况下则一定要用分析法,用副词做状语放在动词前表状态,所以将其译为"相倾斜而下"。

4.1.3 转换为汉语路径动词

汉语中除了用"方式动词+趋向动词"表征路径,也有少量路径动词可以脱离趋向补语和介词而独立存在。如:

(39) A bird sits on the next bough, life-everlasting grows under the table, and blackberry vines *run round* its legs; pine cones, chestnut burs, and strawberry leaves are strewn about. (*Walden*, Henry David Thoreau)

译文:小鸟坐在相隔一枝的桠枝上,长生草在桌子下面生长,黑莓的藤攀住了桌子脚;松实,栗子和草莓叶子到处落满。(《瓦尔登湖》,徐迟译)

在例(39)中,英语原文用方式动词+介词(run + round)来表征路径信息,而译文则直接用一个动词"攀住"来表达。这是因为汉语中的"攀"是路径动词,既表示动作,也表征了方向,可以直接呈现出"藤"的走势趋向,免去添加介词或者小品词的工序,直接用路径动词表达路径。

4.2 路径动词表移动路径构式的汉译技巧

根据自建语料库,我们发现在英语源语言为路径动词表移动路径构式的汉译中,有 80% 的句子继续采用了用路径动词表移动路径的方式进行翻译。如:

（40）To make a railroad *round* the world available to all mankind is equivalent to grading the whole surface of the planet. (*Walden*，Henry David Thoreau)

译文：使全人类得到一条绕全球一圈的铁路，好像是挖平地球的表面一样。(《瓦尔登湖》，徐迟译)

（41）The owner does not know it for many years when a poet has put his farm in rhyme，the most admirable kind of invisible fence，has fairly *impounded* it，milk edit，skimmed it，and got all the cream，and left the farmer only the skimmed milk. (*Walden*，Henry David Thoreau)

译文：农夫还不知道这回事，这么一道最可羡慕的、肉眼不能见的篱笆已经把它圈了起来，还挤出了它的牛乳，去掉了奶油，把所有的奶油都拿走了，他只把去掉了奶油的奶水留给了农夫。(《瓦尔登湖》，徐迟译)

（42）A narrow shelf-like path in the steep hill-side，alternately *rising and falling*，approaching and receding from the water's edge，as old probably as the race of man here，worn by the feet of aboriginal hunters，and still from time to time unwittingly trodden by the present occupants of the land. (*Walden*，Henry David Thoreau)

译文：有一条绕湖一匝的狭窄的高架的小径，一会儿上，一会儿下，一会儿接近湖，一会儿又离远了一些，它或许和人类同年，土著的猎者，用脚步走出了这条路来，以后世世代代都有这片土地上的居住者不知不觉地用脚走过去。(《瓦尔登湖》，徐迟译)

在英语中，当位移动词本身不包含路径信息时，必须用副词或介词短语来描述路径；当位移动词能够传达路径信息时，则不需要添加其他成分。有些路径动词可以脱离介词独立地表达主体的运动路径，而汉语的情况也是如此。正是由于英汉两种语言同属动词框架语言，大部分此类英语词汇在中文中都可以找到对应的词汇,因此同样也汉译为对应的路径动词。

4.3 "方式动词+状语"构式的汉译技巧

"方式动词+状语"构式的汉译有两种方式,可以直译为"方式动词+状语"的结构;也可以用"方式动词+介词"的构式来汉译。如:

(43) The rabbit-hole *went straight on* like a tunnel for some way, and then dipped suddenly down, so suddenly that Alice had not a moment to think about stopping herself before she found herself falling down a very deep well. (*Alice in Wonderland*, Lewis Carrol)

译文:这个兔子洞开始像走廊,笔直地向前,后来就突然向下了,爱丽丝还没有来得及站住,就掉进了一个深井里。(《爱丽丝漫游奇境记》,王永年译)

(44) The tree shave ample room to expand on the water side, and each sends forth its most vigorous branch in that direction. (*Walden*, Henry David Thoreau)

译文:树木都有充分的余地在水边扩展,每一棵树都向这个方向伸出了最强有力的桠枝。(《瓦尔登湖》,徐迟译)

上述例句中,例(43)的汉译用"方式动词+状语"的方式来表达,"向前"为动词,"笔直地"作为副词充当状语成分来表达路径信息;而例(44)用"方式动词+介词"的构式来表达。"伸出"为路径动词,"向……方向"则为介词表路径。

4.4 小结

移动路径并不等于移动动词,如果移动动词是方式动词时,通常需要添加其他路径成分满足虚拟位移的路径条件。英语中大部分表达可以划分为三种模式:"方式动词+介词""路径动词"和"方式动词+状语";翻译为汉语的方式总结如图1所示。

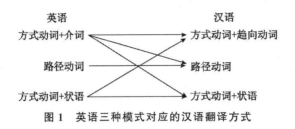

图1 英语三种模式对应的汉语翻译方式

即英语的"方式动词+介词"（manner words+preposition）可以转换为汉语的三种方式："方式动词+趋向动词""路径动词"和"方式动词+状语"的形式，其中最常见的是翻译为"方式动词+趋向动词"的形式。而英语的"路径动词"（path words）通常直译为汉语的"路径动词"。英语的"方式动词+状语"（manner words+adverbial）构式的汉译有两种方式，可以直译为"方式动词+状语"的结构；也可以用"方式动词+介词"的构式来汉译。总的来说，在翻译过程中，我们要认清两种语言的相同点与不同点，根据两种语言的特性进行适当的语码转换。

第五节 英语虚拟位移位移方式的汉译技巧

在上一章第四节中，我们对比研究了英汉虚拟位移构式位移方式的异同点。我们发现英汉虚拟位移构式遵循Matsumoto（1996c：194）提出的"方式条件"（manner condition）。

5.1 英语方式条件

为了进一步证明英语虚拟位移构式遵循"方式条件"，我们以run为例，选取其20个近义词，将其分为两组，每组12个。A组所选取的词汇中仅包含方式信息，B组所选取的词汇中不仅包含方式动词，还体现了路径信息，如表4所示。

表 4 run 的 20 个近义词分析

A 组（仅含方式信息）	B 组（同时蕴含路径信息）
walk, move, creep, row, creep, skate, tread, speed, rush, skate, tread, stride	ramble, roam, wander, zigzag, meander, plunge, reach, wander, traverse, proceed, descend, ascend, cross

我们从 A、B 两组所列词汇中各随机抽取 7 个词汇，在《牛津高阶英汉双解词典》（第八版）中查阅例句，情况如表 5 所示。

表 5 run 的 7 个近义词分析

A 组（仅含方式信息）		B 组（同时蕴含路径信息）	
近义词	例句	近义词	例句
move	We moved our chairs a little nearer. 我们把椅子挪得近了一点。	ramble	Climbing plants rambled over the front of the house. 攀援植物贴着房子正面的墙到处长。
row	We rowed around the island. 我们绕着岛划船。	plunge	The track plunged down into the valley. 小路陡然而下，直插山谷。
stride	He strode toward her. 他大步向她走去。	wander	The road wanders along through the hills. 这条路蜿蜒曲折地穿过山丘。
tread	Few people had trod this path before. 以前没有多少人走过这条路。	zigzag	The narrow path zigzags up the cliff. 狭窄的小路曲曲折折地通向悬崖。
rush	At five past twelve there was a mad rush to the dinner hall. 12：05，人们疯狂地冲向餐厅。	cross	The roads cross just outside the town. 这些道路正好在城外交叉。
walk	We're going walking in the mountains this summer. 夏天我们打算到山里去徒步旅行。	traverse	Several railroads traverse the district. 有几条铁路横贯这个地区。（《21 世纪大英汉词典》，来自有道词典）

续表

A组（仅含方式信息）		B组（同时蕴含路径信息）	
近义词	例句	近义词	例句
speed	The cab speeded them into the centre of the city. 出租车载着他们迅速驶往市中心。	ascend	The path started to ascend more steeply. 小径开始陡峭而上。

在表5中，A组（仅含方式信息）的run的同义词均无虚拟位移的表达，而B组（同时蕴含路径信息）的词则可用于描述虚拟位移句的路径信息。这说明，在虚拟位移句的表达中，"方式信息"不能出现，除非位移方式同时表明路径特性。换言之，表示方式的动词或副词除非同时能表明路径特征，否则不能用于虚拟位移构式中。

5.2 汉语方式条件

为了进一步证明汉语虚拟位移也遵循"方式条件"。我们以《现代汉语词典（汉英双语）》（2002年增补版）中关于"走"的释义及例句为例进行说明。

"走"在字典中的释义如表6所示。

表6 "走"在字典中的释义

"走"的释义	例句
1) 人或鸟兽的脚交互向前位移	—孩子会～了。The baby can *walk* now. —马不～了。The horse has *stopped*.
2) 跑	—奔～相告 *Run about* spreading the news.
3) （车、船等）运行；位移；挪动	—这条船一个钟头能～三十里。 The ship can play 30 *li* per hour.
4) 离开	—我明天要～了。 I'm leaving tomorrow.
5) 指人死（婉辞）	—她还这么年轻就～了。 She died so young.

续表

"走"的释义	例句
6)（亲友之间）来往	—他们两家～得很近。 The two families are in close touch.
7) 通过，由	—咱们～这个门出去吧。 Let's go out through this door.
8) 漏出；泄露	说～了嘴 make a slip of the tongue
9) 改变或失去原样	—茶味～了。 The tea has lost the original flavour. —你把原意讲～了。 You failed to get across the original meaning.

从释义中，我们可以看出，"走"这个动词除了表达位移之外，还有很多引申含义。在所列的 9 条释义中，仅有 1)、2)、3)、7) 这 4 条释义表达位移的概念，其余 5 条均为引申义。而《古代汉语词典》（第 2 版）中关于"走"的释义有 6 条，如表 7 所示。

表 7 《古代汉语词典》（第 2 版）中关于"走"的释义

"走"的释义	例句
1) 跑，疾行	—《论衡·幸偶》："鲁人为父报仇，安行不～，追者舍之。"
2) 奔走，趋向	—《吕氏春秋·审己》："水出于山而～于海。"
3) 延伸	—杜牧《阿房宫赋》："骊山北构而西折，直～咸阳。"
4) 位移，滚动	—岑参《走马川行奉送封大夫出师西征》诗："轮胎九月风夜吼，一川碎石大如斗，随风满地石乱～。"
5) 走开，离开	—《史记·郦生陆贾列传》："郦生瞋目案剑叱使者曰：'～！'"
6) 仆人。用作自称的谦辞。	—张衡《东京赋》："～虽不敏，庶斯达矣。"

释义1）～5）均表示位移的概念。其中释义3）中的"走"有"延伸"之意。杜牧在《阿房宫赋》中写到：

（45）骊山北构而西折，直走咸阳。

例（45）是正确的虚拟位移表达。位移主体是"骊山"，位移词是"走"。我们通常认为，"走"是方式动词，不表达路径信息，但通过查阅字典的释义，我们发现"走"也有"延伸"的扩展义，蕴含了路径信息，例（45）中的"走"体现出骊山蜿蜒而下的态势，方式动词同时体现了路径特征，因此是一例典型的虚拟位移表达。这也从另一侧面说明汉语虚拟位移构式同样遵循"方式条件"。

英汉虚拟位移构式都遵循"方式条件"，这是两种语言的共性。方式信息主要以"方式动词"的形式表征在语言上。为了比较英汉虚拟构式的方式信息在句法上的表征，我们对英汉方式动词进行对比。结果发现英汉方式动词有许多共通的表达，如 walk（走）、watch（看）、play（玩）、run（跑）、wash（洗）、write（写）、buy（买）、rush（冲）等。认知语言学家认为这是由于人类早期对事物的认知及命名是从基本层面开始的，无论是英语国家人民还是汉语国家人民早期都有相同的对事物认知的体系，都是先从最明显、最具有代表性、使用频率最高的词汇开始命名的。所以这类最常见的动词无论是在英语还是在汉语中都可以很容易地找到对应的表达。

在这一类词汇的基础上，其上义词及下义词的命名则依靠人们的抽象想象力及归纳总结能力。(Lakoff，1987：13－14) 下面我们以 move, malk, stride 这三个单词为例，见图2。

图2　位移动词范畴等级（Ungerer&Schimid，1996）

图2中，move 是 walk 的上义词，climb, run, walk, jump, swim

等属于基本范畴词汇，而 limp, hobble, strut, amble, stride, stroll, wander 是 walk 的下义词。如前所述，人类对大多数领域范畴的认知是相同的，而空间位移是人类最基本、最重要的经验活动之一，所以人类对这一领域的基本范畴的认知应该是大致相同的，因而英汉之间在空间位移领域会存在许多语义相同的基本范畴词汇。拿汉语和英语做对比，以 walk 为例，英语中表示"走"的下属范畴词有很多，如图 2 的 limp, hobble, strut, amble, stride, stroll, wander, 还可以是 shuffle, pad, pace, march 等，而汉语中"走"的下义范畴词则较少，大多都以"状语＋走"的形式表达，如"一瘸一拐地走""鬼鬼祟祟地走""大踏步地走""小碎步地走""蹑手蹑脚地走""来来回回地走"等，具体对比如表 8。

表 8　"走"的汉英表达对比

"走"的具体方式	英语	汉语
一瘸一拐地走	limp	—
拖拖拉拉地走	shuffle	—
摇摇晃晃地走	swagger, totter, stumble	蹒跚、踉跄
蹑手蹑脚地走	pad	—
来来回回地走	pace	踱
大踏步地走	stride, march	—
鬼鬼祟祟地走	slink	—
像箭似地跑	bolt	—

因此，我们发现，在方式信息的表征上，英语有丰富的方式动词，表达各种各样的方式；但汉语的方式动词则相对欠缺，不能与英语丰富的方式动词一一对应。英汉虚拟位移构式方式信息表征的这个差异是我们在翻译方式信息时必须考虑的重点之一。

5.3　方式条件翻译技巧

英汉虚拟位移表达在方式信息表征上的差异给我们翻译的启示是：

1) 无论是把英语虚拟位移构式翻译为汉语，还是把汉语虚拟位移构式翻译为英语，只要译文仍然采用虚拟位移构式的表达，都必须遵循"方式条件"，否则译文表达就不正确。2) 由于汉语的下义范畴词没有英语那么丰富，或者说汉语的方式动词没有英语的方式动词那么丰富，在翻译英语方式动词时，能找到对应的汉语方式动词，则采取直译法，但如果找不到对应的汉语方式动词，则可以采用"位移动词＋状语"的结构进行处理。如：

（46）From a hill top nearby, where the wood had been recently cut off, there was a pleasing vista southward across the pond, through a wide indentation in the hills which form the shore there, where their opposite sides *sloping toward* each other suggested a stream flowing out in that direction through a wooded valley, but stream there was none. (*Walden*, Henry David Thoreau)

译文：从最近被伐木的附近一个峰顶上向南看，穿过小山间的巨大凹处，看得见隔湖的一幅愉快的图景，那凹处正好形成湖岸，那儿两座小山坡相倾斜而下，使人感觉到似有一条溪涧从山林谷中流下，但是，却没有溪涧。(《瓦尔登湖》，徐迟译)

例（46）中"their opposite sides sloping toward each other"是虚拟位移结构。位移主体是"their opposite sides"，位移词是方式动词slope，表示倾斜着向下。由于汉语不存在一个能表示slope的方式动词，因此译者把方式动词用"位移动词＋状语"即"倾斜而下"来表达，把这句话翻译为"那儿两座小山坡相倾斜而下"。

另外一种表征方式信息的形式是使用副词，对方式进行补充说明。对这种情况的翻译，不同的语境有不同的翻译技巧。但在虚拟位移表达中，方式状语的出现也会受到限制，如"slowly（缓慢地）"等副词可以出现在虚拟位移表达中；而"desperately（猛然地）、hurriedly（急促地）"等不包含路径特征的方式副词，不能出现在虚拟位移表达中。如：

(47) The surrounding hills *rise abruptly* from the water to the height of forty to eighty feet, though on the south-east and east they attain to about one hundred and one hundred and fifty feet respectively, within a quarter and a third of a mile. (*Walden*, Henry David Thoreau)

译文：四周的山峰突然地从水上升起，到四十至八十英尺的高度，但在东南面高到一百英尺，而东边更高到一百五十英尺，其距离湖岸，不过四分之一英里及三分之一英里。（《瓦尔登湖》，徐迟译）

(48) I have been surprised to detect encircling the pond, even where a thick wood has just been cut down on the shore, a narrow shelf-like path in the steep hill-side, *alternately* rising and falling, approaching and receding from the water's edge, as old probably as the race of man here, worn by the feet of aboriginal hunters, and still from time to time unwittingly trodden by the present occupants of the land. (*Walden*, Henry David Thoreau)

译文：曾经很惊异地发现，就在沿湖被砍伐了的一个浓密的森林那儿，峻削的山崖中，有一条绕湖一匝的狭窄的高架的小径，一会儿上，一忽儿下，一会儿接近湖，一忽儿又离远了一些，它或许和人类同年，土著的猎者，用脚步走出了这条路来，以后世世代代都有这片土地上的居住者不知不觉地用脚走过去。（《瓦尔登湖》，徐迟译）

例（47）和例（48）都是虚拟位移构式。例（47）的位移主体是 the surrounding hills，位移词是 rise，表征的是路径信息，方式信息主要借助副词 abruptly 进行表征，表示"突然地"。在汉译过程中例（47）采用了直译法，把 abruptly 直接翻译为"突然地"，在汉语译文中，同样以副词的形式表征了方式信息。例（48）的位移主体是 a narrow shelf-like path，位移词是 rise and fall, approach and recede，同样是路径动词，方式信息由副词 alternately 表征，表示"交替地、轮流地"。

但在汉译时，译者并没有采取直译的方法，而是将其译为"有一条绕湖一匝的狭窄的高架的小径，一会儿上，一忽儿下，一会儿接近湖，一忽儿又离远了一些"。这是因为同样含义的单词在不同语境中会有不同的呈现效果，如果把例（48）直译为"小径交替着上升下降、接近和远离湖边"，则毫无语言美感可言，也无法向读者描述源语言想要呈现的画面。因此，除了词语本身外，我们还需要根据句子的语境选择合适的方式进行翻译。需要注意的是，英语虚拟位移构式的位移方式如果用副词来表征，其方式副词修饰的并不是空间，而是位移。因此，在翻译的过程中，译者不要被表象的修饰副词所迷惑，要重点找出位移，结合英汉两种语言的表达差异找出恰当的修饰位移的词汇对位移方式信息进行翻译。

第六节　英语虚拟位移时间量和距离量的汉译技巧

在第四章第五节里，我们对比研究了英汉虚拟位移构式位移时间/距离的异同点发现，英语虚拟位移构式只能添加时间要素，并且不同类型的虚拟位移构式对时间语义要素的限制不同：主观性虚拟位移不允许添加移动时间；原型性虚拟位移允许添加模糊的移动时间量，但不允许添加具体的、精确的移动时间量；准真实虚拟位移不仅允许添加移动时间，而且还可添加精确的移动时间。而汉语虚拟位移构式不能添加时间语义要素表达，只能添加有关距离的要素表达。跟英语虚拟位移构式类似，不同类型的汉语虚拟位移对距离详细程度表达的限制不同：汉语主观性虚拟位移不允许添加移动距离的信息；原型性虚拟位移允许添加移动距离的信息，但仅允许添加模糊的移动距离信息；准真实虚拟位移表达不仅可以添加移动距离信息的表达，且可添加精确的移动距离表达。

基于这一差异，在翻译英语虚拟位移时间量的表达时，我们不能采取直译法，因为这不符合汉语的表达习惯。而应该把英语对于时间的表达翻译为汉语有关距离的表达。在这一节里，我们将具体讨论翻译包含时间量的英语虚拟位移表达的技巧。在英语的三类虚拟位移，即主观性虚拟位移、原型性虚拟位移和准真实虚拟位移中，只有主观性虚拟位移不允许添加移动时间量，其他两种都可以添加时间量的表达，因此我们只讨论原型性虚拟位移和准真实虚拟位移中时间量表达的汉译技巧。

6.1 英语原型性虚拟位移时间量的汉译技巧

英语原型性虚拟位移允许加模糊的移动时间量，但不允许添加具体的、精确的移动时间量。在翻译这一模糊的移动时间量时，我们不能直译，而应使译文符合汉语的表达习惯，将其译为有关距离的表达。如：

（49）The highway runs along the river *for a while*. (Matsumoto，1996b)

（50）*公路沿着河边走了一会儿。

（51）公路沿着河边走了一小段儿。

例（49）的位移主体是"公路"，因此是原型性虚拟位移，而且添加了模糊时间量 for a while 修饰位移动词 run，符合英语虚拟位移构式对于时间量表达的语义限制。但如果直接译为例（50）"公路沿着河边走了一会儿"，则不符合汉语虚拟位移构式的空间性特质。因此，在汉译含有时间量表达的英语虚拟位移构式时，我们应该将时间量的表达，如例（49）的 for a while 转化为空间性的描述，如"一小段儿"，使其符合汉语读者的阅读习惯，即应将其翻译为例（51）"公路沿着河边走了一小段儿"。

6.2 英语准真实虚拟位移时间量的汉译技巧

"准真实虚拟位移"既可以添加模糊时间量，也可以添加精确的移动时间。而添加精确移动时间的比率比添加模糊时间量高得多。这是因为准真实虚拟位移的主观性最弱，客观性最强。从其动词的时态就可以看出，其最接近真实位移的表达。在翻译为汉语时，由于我们很难做到直接把确定的时间量转换为距离的公里数，因此翻译时最佳的处理方式是将其直接翻译为真实位移。如：

(52) The road I was driving on went along the river *for 3 minutes.*

(53) *我开车的路沿着河边走了3分钟。

(54) 我开车沿着河边走了3分钟。

我们已经知道，例（52）是准真实虚拟位移，并且添加了具体时间量 for 3 minutes，转喻表达了时间对应的路程。但若将例（52）直接翻译为例（53）"我开车的路沿着河边走了3分钟"，这样的汉语虚拟位移表达不合格，因为汉语虚拟位移一般不能添加时间量的表达。但我们又不能为了使其符合汉语虚拟位移表达对于时间量的语义限制而省译"3分钟"这一重要的信息。同时，我们也不能像翻译英语虚拟位移构式的模糊时间量的处理方式一样，将时间量转换为距离量的表达，因为此时时间量不再是模糊的时间，而是具体的时间。由于无法清楚知道开车的速度，所以我们也无法将具体的时间量对应到具体的距离量进行翻译处理，此时，我们可以转换思维，采用将虚拟位移翻译为真实位移的方法，将其翻译为例（54）"我开车沿着河边走了3分钟"，由于其是真实位移，因为对时间量和距离量的表达并无限制，这样的译文既能反映原文的意思，又符合汉语的表达习惯。

6.3 小　结

英、汉两种语言各有倾向，英语具有时间性特质，而汉语具有空间性特质。在翻译英语原型性虚拟位移的模糊时间量时，不能采用直译法，而应将模糊时间表达转换为汉语的模糊距离表达，以符合汉语虚拟位移构式对时间量和距离量表达的语义限制；而在翻译英语准真实虚拟位移的具体时间量时，由于很难将其转换为相应汉语的具体距离表达，并且为了准确反映原文所传达的意思，我们建议直接将英语的准真实虚拟位移转换为真实位移，这样转换后时间量的表达就不再受限制，将时间量的表达直译即可。

第七节 本章小结

本章主要基于自建小型语料库,分别探讨了英语虚拟位移构式位移主体、位移行为、位移路径、位移方式以及位移时间量和距离量的汉译技巧。研究发现:

1)翻译英语虚拟位移构式的位移主体时,主要涉及直译法和意译法这两种方法。使用直译法可以处理大部分词汇对应转换的问题,最终的结果是英语虚拟位移句对应译为汉语虚拟位移句。但也可以采用意译法,英语虚拟位移句转换为汉语静态描写句或将英语静态描写句转换为汉语虚拟位移句。我们认为,静态场景与动态场景在语言结构中的调整并不意味着不忠实于原文,而是为了更好地体现认知主体的主观性这一心理认知活动,是一种更高层次上的忠实。

2)在英语虚拟位移构式中,位移动词常常呈现的时态为一般现在时和一般过去时,在汉译过程中,大部分情况都会省略时间信息,而将其直接转换为一般现在时进行翻译。

3)英语虚拟位移路径的汉译主要有三种技巧。第一,如果英语虚拟位移路径信息表征的方式为"方式动词+介词",那么翻译时可以将其转换为汉语的三种方式:"方式动词+趋向动词""路径动词"和"方式动词+状语"的形式,其中最常见的是翻译为"方式动词+趋向动词"的形式。第二,如果路径信息表征的方式为"路径动词",通常直译为汉语的"路径动词"。第三,如果英语路径信息表征的方式为"方式动词+状语",那么汉译时可以直译为"方式动词+状语"的结构,有时候也可以用"方式动词+介词"的结构进行处理。

4)在处理英汉虚拟位移方式时,如果仍然对应翻译为虚拟位移构式,译文必须遵循"方式条件",否则译文表达不正确。此外,由于汉语的下义范畴词没有英语那么丰富,或者说汉语的方式动词没有英语的方式动词那么丰富,在翻译英语虚拟位移方式动词时,如果能找到对应的汉语方式动词,则可直接采用直译法,但如果找不到对应的汉语方式动词，则可以采用汉语常用的方式表征结构"位移动词＋状语"的形式进行处理。特别需要指出的是，由于存在同一个汉语的方式动词对应多个英语表达的情况，选择用哪一个英语表达进行翻译，可以根据原文各语义要素的位置、译文表达的需要和位移主体的具体位置进行综合性的选择。关键是要使译文遵循"方式条件"，并符合译入语的表达习惯。

5）在翻译英语和汉语原型性虚拟位移的模糊时间量和模糊距离量信息时，不能采用直译法，而应将英语模糊时间表达转换为汉语的模糊距离表达，将汉语的模糊距离信息表达转换为英语的模糊时间表达，以符合英汉虚拟位移构式对时间量和距离量表达的语义限制；而在翻译英语和汉语准真实位移的模糊时间或模糊距离信息时，如果能找到一个对应的汉语或英语单词能同时表达时间性的特征和空间性的特征，则可以采取直译法。在翻译英汉语准真实位移的具体时间或具体距离信息时，由于很难将其转换为对应的距离和对应的时间表达，并且为了保留原文的时间和距离信息，我们建议直接将英语和汉语的准真实位移转换为真实位移。这是由于在真实位移中，时间和距离的表达不再受限制，这时就可以将时间或距离信息直译。

第六章 汉语虚拟位移构式英译技巧研究

第一节 引 言

  基于第四章英汉虚拟位移构式的对比研究结果，本章主要探讨汉语虚拟位移构式位移主体、位移行为、位移路径、位移方式和位移时间量和距离量的英译技巧。

  上一章在探讨英语虚拟位移构式的汉译技巧时，我们选取了三个文学作品及其译本，自建了小型语料库进行研究。同样，为了更科学地进行研究，我们同样自建了小型语料库，语料来源包括：

  1) 文献：在虚拟位移句的前期研究成果中选取合适的语料和经典例句。

  2) 文学作品：从诗词、汉语小说、游记、散文集等文学作品中选取符合虚拟位移构式特征的例句。

  3) 汉英双语平行语料库：北京大学中国语言学研究中心在线语料库（CCL）。

  4) 字典：《现代汉语词典（汉英双语）》（2002年增补本），《新世纪汉英大词典》（第二版），《牛津高阶英汉双解词典》（第8版）。

  5) 网络资源：百度百科、有道词典、维基百科等。

我们在上述语料库中进行人工检索，找出符合汉语虚拟位移构式的例句及其英译，对其进行分类整理，并分析其在汉译英过程中的翻译技巧及两种语言差异背后的理论依据和文化背景因素。

第二节 汉语虚拟位移位移主体和参照框架的英译技巧

位移主体作为虚拟位移重要的成分，是汉英虚拟位移句对比分析及翻译的出发点。位移主体一般为名词或代词，在句中做主语。诚然，一个虚拟位移句中含有位移，但归根到底是描述静止物体的空间位移变化。明确虚拟位移的位移主体及其参照框架是虚拟位移研究分析的第一步。本节尝试以 Matsumoto 和 Matlock 两位学者对虚拟位移位移主体的分类为基础，讨论汉语虚拟位移构式中位移主体和参照框架的选择依据，并探讨其在翻译过程中的技巧。

2.1 汉语虚拟位移构式位移主体和参照框架

有关文献显示，与确立英语虚拟位移主体相比，确立汉语虚拟位移主体相对复杂得多，这是因为在循迹汉语虚拟位移主体时，往往不能脱离参照框架（ground）孤立分析。虚拟位移作为一种想象性的位移，是认知主体在某种虚拟情景下对客观物理世界中静止物体的感知。事实上，"主体"和"参照框架"都是现实中存在的"物体"，都是虚拟位移构式中很重要的组成成分。然而，由于汉语是一种具有很强空间性特征的语言，在感知过程中，如何识别哪个物体是"主体"，哪个物体应该作为"参照框架"，并把它们语法化为一种语言结构就显得非常关键。因此，我们有必要先阐述一下与之相关的图形－背景理论。

以丹麦心理学家爱德加·鲁宾（Edgar Rubin）为首的格式塔心理学家于 20 世纪初提出图形－背景理论。"图形"是指感知中突出的部分，即注意的中心；"背景"是指起衬托作用凸显图形的部分。人对认知语言的运用与人的心智密不可分。对于"图形"和"背景"的挑选是经过人的心智进行处理的。

Rubin 设计的花瓶/人脸（vase/face）这个主体（图形）/背景可互换的两可幻觉图（图 1）形象地证明了人可以在自己的大脑中进行视角转化，从而产生"图形/背景"的视角切换。根据"图形"和"背景"遵循图形/背景分离（figure/ground segregation）的原则，两者可以同时存在于知觉场中，但不会同时成为感知的中心。

图 1　Rubin 的花瓶/人脸图

Talmy（2000b）将图形/背景理论用来描述静止和移动的语义事件。在语言学中，作为感知中心的图形是移动的或者说是概念上可以移动的实体，其路径、位置或者方向是变量，这些特殊值是凸显的；背景是在感知框架中处于静止状态的、固定的实体，是感知的参照点，图形的路径、位置和方向就以背景为参照进行确定。而虚拟位移是一种特殊的移动事件，因此也适用于图形/背景理论。在虚拟位移句中，图形就是概念上或认知上移动的事物，而背景则是认知上相对静止和固定的实体。要操作性地确定图形和背景就必须了解其基本特征，从而寻求支配人脑选择图形背景的认知依据。Talmy（2000b：315－316）将语言中的图形和背景理论分为定义特征和联想特征，如表 1 所示。

表 1 图形/背景理论的定义特征和联想特征

特征		图形（Figure）	背景（Ground）
定义特征		无已知空间（时间）特征可确定	有描述图形位置方面的已知特征
联想特征	空间大小	较小	较大
	时间长短	较短	较长
	动态性	移动性较强	移动性较弱，固定性强
	突显性	高	低
	关联性	强	弱
	可及性	不易立即被感知	可立即被感知
	复杂性	简单（通常为点状）	复杂
	依赖性	强	弱
	预料性	弱	强
	熟悉程度	弱	强

根据图形/背景理论，通常情况下，人们往往将静止的较大物体视为背景，将移动着的较小的物体视为图形。但当人们观察某个物体时，人们往往会忽略物体的物理体积，将其要观察的物体视为图形，周围的环境视为背景，这便是 Rubin "花瓶/人脸" 理论所表达的核心所在——凸显原则和转换原则。因此，在虚拟位移构式中，常常能见到在真实客观物理世界中静止的较大的物体成为位移主体（背景），而移动的较小的物体成为参照框架（图形）。如：

（1）路顺着地势缓缓地往上绵延，人像是进入了画境一般，魂则追随了清香。（孔明《神奇的旬阳》）

此句中将"路"这一客观上静止的物体作为虚拟位移主体，将"人"作为参照框架，突显了"路"绵延的状态。

再看下列汉语虚拟位移句的英译情况。

（2）我注意到，在月光下，在山影和林影的陪衬下，山坡间以及溪边的芦苇，还有岩隙间的红杜鹃花，仿佛比白天显得更加明亮，更加灿烂。（郭风《色彩的层次（第二篇）》）

译文：I noticed that, bathed in the moonshine and accentuated by the shadows of the mountains and forests, the reeds on the slopes or by the streams and the azaleas in the rock crevices look more brilliant and splendid than they do during the daytime. (徐英才译)

(3) 你隔窗望去，院里的老树枝桠摇曳，叶子一片一片飘走，飘得很慢，在深灰色的天幕衬托下，剪影清晰，仿佛一个布景。饭凉了，他没回来。(蝌蚪《家·夜·太阳》)

译文：You look out of the window into the yard and see that the boughs and branches of the old tree are swaying, and its leaves are drifting away one after another, slowly. Against the deep grey sky, the scene looks like a distinct silhouette, as if it were a stage set. The food is getting cold, but he is not home. (徐英才译)

(4) 夕阳落山，在山后发出耀眼的余光，更清晰地衬托出山体连绵的身影。(芜岑《禁园夜色》)

译文：From behind those hills, the setting sun sends out a residual, dazzling glow, silhouetting more distinctly the continuous chain of the hills. (徐英才译)

(5) 此时在渐次昏暗下去的灰色天幕映衬下，连绵起伏的西山的身影却更显得凝重、漆黑，弥漫着一种稳重和庄严的静谧。(芜岑《禁园夜色》)

译文：Under the gradually dimming grey sky, the rolling West Hills appear even more solemn and dark, permeated by a steadfast and stately tranquility. (徐英才译)

(6) 然而随着天越来越黑，这黝黑的山影却反而越来越淡，最后终于融入夜色中，只剩下朦胧模糊的轮廓，而无月的夜，除了长庚星在天边闪烁，除了薄云间或闪出几点星光，夜空和昆明湖都发着灰光，界限也若有若无。(芜岑《禁园夜色》)

译文：But as the night thickens, the darkness of the hilly area, on the contrary, becomes fainter and fainter and finally dissolves into the dark night, leaving only a blurred outline. On this moonless night—moonless despite the gleaming of the Hesperus toward the edge of the sky and the glittering of a few stars between the thin clouds—the night sky and the Kunming River, their boundaries vague, also shimmer with grey light. （徐英才译）

（7）最好，还要在牵牛花底，教长这几根舒适落落的尖细且长的秋草，使作陪衬。（郁达夫《故都的秋》）

译文：It will be most desirable to have them set off by some tall thin grass planted underneath here and there. （张培基译）

（8）人闲桂花落，月静春山空。（王维《鸟鸣涧》）

译文：Laurel blooms fall for leisurely persons;
Spring hills vacate under a serene moon. （徐芳译）

上述例句有个共同的特点，都是有两个以上的物体，其中一部分物体作为陪衬，将另一部分物体突显出来。作陪衬的物体常常具有以下共同特征：例如，例（2）中的"山影和林影"相对于"芦苇"和"杜鹃花"范围更大，因此作为衬托后者的背景。例（3）中的"老树"相较于"深灰色的天幕"突显程度更高，图形更加封闭，因此作为移动的主体。在例（8）中，诗人用花落、山空这些动态的描写来反衬出春山月夜阒无人声的幽寂。

通过分析语料，我们还发现，在位移主体的选择上，汉语虚拟位移构式体现出来句子有其特定的选择倾向。在诗词典籍中，我们选取了83句虚拟位移诗词进行分析，其位移主体的分布情况如表2所示。

表 2　所选 83 句虚拟位移诗句中位移主体分布情况表

位移主体	频数	频率（%）	比例（%）
声、光、味	12	14.46	
时间	6	7.23	抽象 32.53
情感	9	10.84	

续表

位移主体	频数	频率（%）	比例（%）
道路	5	6.02	
山峰	19	22.89	具体 67.47
云/天	8	9.64	
景物/植物	24	28.92	

从表 2 的简单统计中可以看出，用于描写抽象概念，包括声音、光线、气味、时间、情感的虚拟位移句占到总数的 32.53%，而描写具体的概念，包括道路、山峰、云、天空、景物、植物则占到了总数的 67.47%。光是描写山峰和景物的虚拟位移句就占到了总数的 51.81%。由此可见，山峰和景物特殊的存在模态使得人们在观察时容易产生某种主观性联想。经过观察，发现山峰和景物在直观上具有［－生命性］、［－位移性］、［＋长方形］、［＋连贯性］以及［＋空间延展性］等典型特征。因此，诗人在观察祖国大好河山之时更容易产生某种联想而赋予这些静止的物体以虚拟位移特性。

2.2 汉语虚拟位移主体的英译技巧

汉语虚拟位移构式中，时空方位的变化是其建构时独有的特征。认知主体随着时间的推移以及视角的变化，对观察的事物也会产生不同的认知。下面，我们将从拓扑空间方位、投影空间方位以及"语言事件"空间方位三个方面探讨汉语虚拟位移构式中位移主体的翻译技巧。

2.2.1 拓扑空间方位的英译技巧

拓扑空间方位指的是位置不随观察者视角的变化而变化的方位，包括"里""外""附着"等。在描述拓扑空间方位的句子中，其中一个物体为图形，另一物体为背景，反之则不可。如：

(9a) 奶奶在屋子里。

译文：There is an old lady in the house.

(9b) 沙漠中有绿洲。

译文：There is an oasis in the desert.

(10a) 村外有个庙。

译文：Outside the village is a small temple.

(10b) 一枝红杏出墙来。（叶绍翁《游园不值》）

译文：A spray of red apricot blossom has already reached over the wall.（《新英汉大辞典》）

(11a) 你的脸上有粒米饭。

译文：There is a grain of rice on your face.

(11b) 她背着一个漂亮的书包。

译文：She wears a beautiful backpack.

以上表示"里""外""附着"的例句中，每种分别有两个分例句，所有的句（a）都有明显表示方位的字眼出现，句（b）中表示方位的字眼则隐形。而在英语中常可以使用"There be"句型来表示方位，译为汉语表示"某处有某物"。上述例句中的"屋子""沙漠""村""墙""脸"与"她"相较于"奶奶""绿洲""庙""一枝红杏""一粒米"与"一个漂亮的书包"面积较大、固定性较强、位置已知。然而，固定的屋子里不一定都有老奶奶，不移动的沙漠中不一定都有绿洲，一张大脸上不一定都有米粒。毫无疑问，在选择句中的"背景"和"图形"时应遵循一定的规则。

下面以表格的形式整理拓扑空间方位在汉语和英语中的常见表达，以及其在句中的"图形""背景"的选择依据。如表 3 所示。

表 3　拓扑空间方位在汉语和英语中的常见表达及其在句中"图形""背景"的选择依据

拓扑空间方位词义	汉语	英语	图形	背景
"里"	（在）……里/中/内/间	in/inside	形状小的名词	形状大的介词
"外"	（在）……外	outside		

拓扑空间方位词义	汉语	英语	图形	背景
"附着"	（在）……上	on	图形简单 易移动 不易预料	图形复杂 固定性强 已知

试看下列例句：

(12) 村前的景物都躺在一种沉默的，固定的，连一片风都没有的静景中。（洪灵菲《流亡》）

试译：*The scenery in front of the village lies in* a static scene. Quiet, fixed, and windless at all.

在例（12）中，"村前的景物"和"连一片风都没有的静景"都是静止的，前者比后者范围更小。由于"村前的景物"具有［－生命性］、［－位移］、［＋空间延展性］、［＋长方形］的特性。因此，当二者存在于同一个虚拟位移构式中时，将范围更小的"村前景物"作为虚拟位移主体，而范围更大的"连一片风都没有的静景"作为背景参照框架。位移行为是"躺在"。我们在翻译的过程中，将拓扑空间方位中的包含关系"躺在……中"直接译为英语的固定搭配 lie in，其所描述的画面也被线条流畅地勾勒出来。

(13) 丁香发狂似的绚烂着，整个园子漾满了紫色的波浪，馥郁的香气酒一样地在空中泼遍，……（靳以《伤往》）

试译：We should see nothing but lilacs, overrun here and there. The whole garden of mine is filled with purple wave and a delicate, *the sweet odor of lilac pour over* in the air, just like a glass of mellow wine.

对于"气味"这种看不见摸不着的物体，人类凭嗅觉感知它的时候通常在脑海中会呈现一种"路径"，而气味的传达过程则被认为是一种虚拟位移。该句中的位移主体就是丁香花的香味，背景参照框架则是广阔无边的空气，而位移路径就是香气传来的方向。例（13）属于拓扑空间方位中的附着结构。译者将丁香花香气传播的动作比作美酒泼洒，形象生动，同时也将该虚拟位移句的位移行为凸显出来。译者也采用直译法将"泼遍"一词译为 pour over，既体现了位移行为也凸显了位移路径及空间方位。

2.2.2 投影空间方位的英译技巧

投影空间方位指空间方位随着认知主体的观察视角而改变。在一个几何图形中"上""下""前""后"以及"旁边"指的是投影空间方位。其中"旁边"又包括"左边""右边"以及"中间"。由于投影空间具有相对性，其方位会随着认知主体的观察视角而改变，因此不同的参照点会体现不同的空间方位。下面以表格的形式整理出投影空间方位在汉语和英语中的常见表达，以及其在句中的"图形""背景"的选择依据。如表 4 所示。

表 4　投影空间方位在汉语和英语中的常见表达及其
在句中"图形""背景"的选择依据

投影空间方位	汉语	英语	图形	背景
"上" "下"	（在）……上（面/方/边） （在）……下（面/方/边）	above/over under/below	形状小的 图形简单 易移动 不易预料 陌生	形状大的 图形复杂 固定性强 已知 熟悉
"前" "后"	（在）……前（方/面/边/头） （在）……后（方/面/边/头）	before/in (the) front of after/behind		
"旁边"	（在）……旁（边）/附近	besides/nearby/by		

以下之琳的《断章》为例，我们先看以下中英对译情况，如表 5 所示。

表 5 《断章》中英文对译

卞之琳《断章》	Fragment（杨宪益、戴乃迭译）
你站在桥上看风景，	When you watch the scenery from the bridge,
看风景人在楼上看你。	The sightseer watches you from the balcony.
明月装饰了你的窗子，	The bright moon adorns your window,
你装饰了别人的梦。	While you adorn another's dream.

卞之琳将风景作为参照框架，当"你"站在桥上置身于"风景"中并流连其中时，你处于"风景"之中。而当楼上看"你"的人则位于你的上方看你时，"你"和风景就在其下。"你"望着窗外的明月沉思，而"你"和明月对望的画面却定格在了别人的记忆中。这样一首"画中画"效果的诗歌就利用了不同人的不同视角而产生的空间方位差异。又如：

(14) 阴云被高速行驶的汽车越来越抛在后面了。（王蒙《海的梦》）

译文：As they rode forward, the dark clouds *were quiclcly left behind*. （李洁译）

由于投影空间的方位会随着认知主体观察视角的不同而发生改变，因此在上述例句中，位移主体"阴云"和行驶中的汽车形成相对关系，阴云作为一种大气移动的产物，与行驶中的汽车相比较，移动性较差且具有空间延展性。因此，该句是将"阴云"作为参照框架，将"高速行驶的汽车"作为位移主体的移动描述句。然而，坐在车里的认知主体由于观察角度的问题，会认为"汽车"是静止的，而"阴云"是移动的。因此，该句是投影空间方位所建构的虚拟位移句。原文表示投影空间方位的词组"抛在后面"是由"动词+介词+方位词"构成，译为英语则采用了被动语态的"V.+小品词"使译文更加通顺连贯。

2.2.3 "语言事件"空间方位的英译技巧

图形/背景理论不仅可以用来描述对物理空间中的二维、三维物体的体悟，也可以描述一维空间中的时间点。时间可以分为空间点和时间带。事件的发生总是伴随着时间的流逝，因此，时间的推移也可视为一种虚拟位移。封闭程度高，处于"有界"状态的事物，常常以点状的方式呈现，较为突出，因此更适合作为"图形"。相较而言，时间的延伸性和"无界性"贯穿着一个事件的发生和结束，因此更适合作为"背景"。在"空间方位事件"中，"图形""背景"的选择遵循以下原则，见表6。

表6 "空间方位事件"中的"图形""背景"选择原则

图形	背景
较小	较大
时间上被包容	时间上可包容
位于主句	位于从句

在虚拟位移构式中，图形相较于背景而言，作为所要描述的重点内容常常是句子的焦点，具有以下特征。

1）焦点是新信息的重点。

2）焦点是说话人所要强调的内容。

3）焦点在认知上最突显。

4）焦点通常位于句尾。

在感知空间关系时，说汉语的人具有很强的空间性，所要描述的事物趋于形成一个整体视点，表现为"由场景参照再到具体位置"。如：

（15）这条路在群山中绕来绕去。（王义娜，2012）

例（15）中首先使用名词把虚拟位移的位移主体"路"突显出来，然后对其背景"群山"这一场景进行描写，由此使其具有动态性。我们发现，在英语的虚拟位移构式中，无论是移动终点（Ground3）、移动起点（Ground1），还是移动路径（Ground2）的参照框架，都位于移动动词之后。如：

（16）*The road*（Figure）（I was driving on）*went along* the river（Ground3）for 3 minutes.（钟书能、刘爽，2017）

在汉语虚拟位移构式中，参照框架的位置却存在以下三种情况。

1) 汉语虚拟位移句中的参照框架位于动趋结构之后作宾语，表示移动起点和途径的参照框架位于动趋结构之前作状语。如：

(17) 我们原以为小道会突然中断，但发现它却穿过树林，蜿蜒向前。(北京大学 CCL 语料库)

2) 汉语虚拟位移句中的参照框架位于动趋结构之后作补语，表示移动起点（如"上、入"）或途径（如"过"）的参照框架位于动趋结构之后。如：

(18) 一条小路穿过原野通到他的家。(北京大学 CCL 语料库)

3) 汉语虚拟位移句中使用了指示趋向补语"来/去"，这一补语本身蕴含了移动参照点，且其后不能再接其他参照框架。此时，参照框架须置于动趋结构之前。如：

(19) 路两旁的白杨树（Figure）像一排排哨兵，快速向后（Ground）退去。(方承涛《一场虚惊》)

试译：*The poplar trees* on both sides of the road like rows of sentry were quickly *running backward*.

2.3 小　结

语言来源于人类的认知，人类的认知具有共性决定了在汉英虚拟位移表达中，其位移主体和参照物的表达也遵循一定的认知原则，即"位移主体优先于参照物"。英汉之间不同的概念显现原则和句法组织特征使其在虚拟位移构式的位置表现出部分差异。这种差异根源于两种语言句法结构的特点，以及其背后不同的文化背景支撑。一方面，本章着重讨论了虚拟位移中位移主体和参照物的概念，剖析了其背后的理论根据，进而讨论了这种特殊构式中位移主体和参照物的汉译英技巧。另一方面，本章以拓扑空间方位、投影空间方位、"语言时间"空间方位三个方面阐明了虚拟位移的位移主体和参照物的选择依据。先总后分的阐明了汉语虚拟位移中位移主体与参照物的存在条件。

第三节　汉语虚拟位移位移行为的英译技巧

汉语是一种泛时性很强的语言，因此以汉语为母语的人具有一种"尽在不言中"的超时空语感。这种语感既是模糊的也是实在的；既是凌虚的也是连贯的。在这种逻辑与悟性之间，似乎所有的时和体的表达都融入语言的每一寸肌肤中。虽然英语的动词也有泛时性的用法，但相较而言，汉语动词的泛时性更普遍，对时间的概念更模糊。基于汉英在时体上的差异，在汉英虚拟位移构式转换的过程中，"时"和"体"的转换显得非常重要。因此，我们首先将对汉语虚拟位移构式位移动词的时体英译进行探讨，然后从词法和句法两方面探讨虚拟位移行为动词的翻译技巧。

3.1　位移动词的时体英译

"时"和"体"分属于两个不同的语法范畴。"时"是指动作发生的时间，"体"是指动作发生的方式状态。二者既有区别又有联系。"体"随着"时"的变化而变化，"体"是"时"的外在表现。汉语作为一种意合语言，其"时"的表达是松散模糊的，具有泛时性。英语作为一种形合语言，其"时"的表达明确具体，具有定时性。具体如表7所示。

表7　汉英时体对比

	时		体
概念	动作或状态发生的时间，如过去、现在、将来等		动作或状态发生的状况或趋势，如正在进行（进行体）和已经完成（完成体）
汉语	松散模糊（泛时性）	词汇形式	词汇形式
	汉语时体表达主要依靠词汇手段，如使用"着""了""过"等时体助词。 （1）词汇附加（汉语时体范畴标定的主要手段） （2）语境限制（必要的辅助手段）		

续表

	时		体
英语	明确具体（定时性）	屈折变化体系表示时态范畴的助词辅助性结构	屈折式动词变化

因此，在汉译英的过程中，要准确传达出"时"和"体"在句子中所展现的内容，一些翻译技巧的使用必不可少。下面，我们将分别探讨汉语常见时体标记词的翻译技巧。

3.1.1 "着"的翻译

在汉语虚拟位移句中，当时体助词"着"出现时，常表示位移动作或状态的持续，意味着对某种持续状态的描述。在英译的过程中，有两种处理的方式：一是翻译为英语的分词形式表示动作的持续；二是直接对译为英语的进行时态以延续动作的持续性。如：

(20) 直到五十年代初，我的老家枫杨树一带还铺满了南方少见的罂粟花地。春天的时候，河两岸的原野被腥红色大肆入侵，层层叠叠、气韵非凡，如一片莽莽苍苍的红波浪鼓荡着偏僻的乡村，鼓荡着我的乡亲们生生死死呼出的血腥气息。（苏童《飞越我的枫杨树故乡》）

译文：Till the early 1950s, the land in my hometown of Maple and Poplar was covered with poppy flowers which actually were rarely seen in the south. When spring came, the fields on both sides of the river were dyed scarlet. Piles upon piles of <u>red waves</u> *clamorously and aggressively pervaded* that remote village, *surging and dancing* in the blood-tinged breaths of the people, *going up and down* together with people's weal and woe, life and death. （李洁译）

句中"鼓荡着"一词中的"着"具有持续的意味，在翻译时译者用

surging and dancing, going up and down 这样的分词形式来表示。又如：

(21) 故乡暗红的夜流骚动不息，连同罂粟花的夜潮，包围着深夜的逃亡者。(苏童《飞越我的枫杨树故乡》)

译文：The dark red restless night and the scarlet waves of poppy flowers would *wrap* and *protect* us fugitives, and grey frogs under my feet croaked, *closely following* me and *dashing rampantly* on the field ridges with me. (李洁译)

译者将"包围着"译为 closely following，同样也是将持续的状态用分词的表达法加以描述。又如：

(22) 山顶上有半截墙，墙上爬满着墨绿色的爬山虎。眼睛一眨一眨，光照和阴影互相变化着。那边，绿树和灌木夹着小道绕向后山，小道旁设一具小茶摊，四根支棍上安一块木板，木板上几杯茶，一个在阳光下头发眉毛以及衣着都是银白色的老人，呈半透明，坐在茶摊前看着他们。(乐维华《山趣》)

译文：There is a half-wall there, with dark-green ivy *sprawling* all over it. The ivy leaves shift constantly between the light and the shadow, like many blinking eyes. Over there, a path rimmed with green grass and bush *winds to* the back of the hillock, and by the side of the path stands a small tea stall—a mere piece of wooden board supported by four sticks. Placed on the board are a few cups of tea, and sitting in front of the tea stall is an old man, with silver-white hair, silver-white eyebrows, and silver-white clothes in the sunshine, looking as if he were semi-transparent. He is watching the two youngsters. (徐英才译)

译者将原文爬山虎爬满墙的状态译为分词 sprawling，凸显这种植物的一种特殊生长状态。再如：

(23) 那个总在拥挤，总在输入生命的铁栏杆，挤过去，是一个黑乎乎湿湿的地下通道，上来便是那一个充满等待的站台，几道铁轨两边都在延伸，两边都连着天地的远方。(张立勤《去北》)

译文：That iron-fenced area, which is always crowded and always corrals life, *leads to* a dark, dank underground channel, which *exits to* a waiting platform with a few railway tracks *stretching* in both directions, *far into the horizon* at both ends. (徐英才译)

译者将铁轨"连着"天地的状态以分词 stretching 表示，突出"铁轨"延伸的长度。

(24) 嘉峪关，作为万里长城的起点，和远在渤海之滨的山海关遥遥相对，勾连着秦汉明月、元明春秋，那是漫铺在朔风中的浩繁书卷。(杨国民《雄关漫道》)

译文：The Jiayu Pass, at the starting point of the Great Wall, faces, across a great distance, the Shanhai Pass on the bank of the Bohai Sea. The land *threading* these two passes has witnessed the bright moon of the Qin and Han dynasties and the spring and autumn seasons of the Yuan and Ming periods, all of which *unfolds against* the northern wind a voluminous history book. (徐英才译)

这里译者将原文中的"勾连着"译为 threading，以进行时态表持续状态。

(25) 隔着浓浓的草香味儿和一道静静的山水，还能看见老核桃树身后那些坍塌的断墙。密匝匝的蒿草和荆棘从里到外紧紧地逼着它们，石头的断墙七零八落地在荆棘和蒿草中挣扎着，高举着自己眼看就要被淹没的身体。(李锐《寂静》)

译文：Beyond the fragrant grasses and the tranquil water, he saw the broken walls behind that old hickory tree. The stone walls were broken already and the stones and rubbles *scattered here and there* among clusters of tall grasses and thorns. Nevertheless, the stones were *struggling to raise themselves a little bit so that they wouldn't be totally submerged by the invading grasses*. (李洁译)

译者将原文句中的石头断墙"挣扎着,高举着"的状态合成一句话 the stones were struggling to raise themselves…以进行时态描述石头断墙零落的萧条状态。

在正确判定汉语时体的基础上,译者应该进一步选择恰当的英语时态,进行时体转换。刘宓庆(2006)认为,按照英语的语法习惯,将汉语泛时性转换为英语的定时性时,应按以下情况综合考虑,见表8。

表 8 英语时态确定的原则

英语时态确定的原则	具体情况
(1) 按照题材定时态	• 一般现在时: 政论、科技、条文、技术资信 报纸评论、社论、杂议 题材内容无限时性 • 过去时:新闻、文艺文体
(2) 按照事件发生的时间确定时态	如:过去、现在、将来
(3) 按照叙、议分别定时态	• 叙:涉及过去事件,多用过去时 • 议:表述作者看法,多用现在时 • 夹叙夹议:注意时段的跳跃
(4) 价值原则	具有永恒价值的历史人物或历史事件: 使用一般现在时
(5) 抒情以及其他修辞原则	为使文章内容生动,英语作者常以现在时再现过去事件

在考虑以上时体选择原则的基础上,我们可以运用一些翻译技巧,灵活地实现汉英的时体的转换。翻译技巧包括如下三项:

1) 汉英时体等效翻译。

2) 汉语隐性时体转换为英语显性时体标记。

3) 时间副词的恰当增减。

3.1.2 "了"的翻译

根据《汉英双语现代汉语词典》(第二版),当"了"作为时体助词时,表示动作或变化已经完成。汉语虚拟位移中如果出现了时态标记词"了",则可以根据句子的语境,选择恰当的时态进行翻译。一般来说,可以翻译为以下几种时态。

1) 直接对译为完成时形式,可以根据句子语境翻译为现在完成时或过去完成时。如:

(26) 星儿不见了,月儿失踪了,小窗灯光消失了,河面渔火熄灭了,黑暗,无边无际,无所不在,无孔不入的黑暗,吞没了天空、大地、河流、村庄,我的眼睛被蒙上了黑纱,在我脚下延伸的道路成了难以跨越的深渊。(史中兴《灯火》)

译文:The stars have vanished, the moon hides from sight, the lights at the windows are gone, and the fishing-boat lamps over the river are turned off; darkness—the boundless, ubiquitous, and prevailing darkness—*has devoured* the sky, the earth, the river, and the village. By veiling my eyes, darkness *has turned* the road under my feet into an unbridgeable abyss. (徐英才译)

以上例子中,位移动词的时态是现在完成时(吞没了),翻译为英语时,同样将其转换为完成时(has devoured)进行翻译。又如:

(27) 这些山,凝固了千百万年,连成一气,却又是滚滚滔滔,波涌浪叠。(余秋雨《皋兰山月》)

译文:These mountains, for thousands upon thousands of years, *had stood* here clutching each other, but at the same time billowing and surging forward. (徐英才译)

例(27)的位移主体是"山",位移动词是"凝固",句子的时体标记词是"了",在翻译为英语虚拟位移时,则将时态直接对译转换为完成时的形式(had stood)。

2) 忽略时体标记，重点突出事物的特征，将其翻译为一般现在时。如：

(28) 你在这树根前预备了地方，他就深深扎根，爬满了地。（北京大学 CCL 语料库）

译文：You made ready a place for it, so that it might take deep root, and it sent out its branches *over all the land*. （北京大学 CCL 语料库）

(29) 他在日光之下发青，蔓子爬满了园子。（北京大学 CCL 语料库）

译文：He is full of strength before the sun, and his branches *go out over* his garden. （北京大学 CCL 语料库）

例（28）和（29）都是把汉语中带有时体标记词"了"的动词转换为一般现在时处理，目的是位移突出事物目前的状态和特点。

3) 忽略时体标记，重点突出事物的特征，本来可以将其翻译为一般现在时，但由于句子整体的发生状态就是过去，因此将其翻译为一般过去时。如：

(30) 松柏舒展开粗狂的枝条，用密密的松枝把山覆盖住了。这么小的山里，居然也起了低沉的松涛。（乐维华《山趣》）

译文：With their sturdy boughs and branches fully extended, the pines and cypresses *shroud* the hillock with their dense twigs, which, despite the small size of the hill, are numerous enough ripple and sough in wind. （徐英才译）

(31) 那晚月色，一下把周围一切都刷成了半透明的银质。（余秋雨《皋兰山月》）

译文：It came one night, when the moonshine suddenly *painted* everything around translucently silvery. （徐英才译）

(32) 潮湿的空气里充满了绿色的针叶树的芳香。闻到这种芳香的人，觉得自己也变得洁净和高雅了。（王蒙《海的梦》）

译文：The fragrance of the dark-green pine trees *pervaded* the humid air and he felt himself clean and elegant in such aroma. （李洁译）

4）由于翻译时结构处理的需要，将汉语的主要动词＋时态标记词"了"处理为英语的伴随形式，用分词的形式表达出来。如：

（33）阳光，在枝叶上盘动往来，抹上了一道迷人的光芒，绿色的枝叶绿得浓烈不安，而枝叶下的山坡上，却是阴暗潮湿，一泓清流七拐八拐地绕过布满青苔的山石，自信地摸下山去。（乐维华《山趣》）

译文：Sunlight brushes the leaves in a circle, *mantling* them with a fascinating touch of light. While these leaves are so verdant that they seem restless, the slope underneath them is shady and damp. A limpid stream zigzags around a mossy boulder and gambols down the hillock. （徐英才译）

（34）这帮年轻人麻将天天打，好多的时间都糊里糊涂地混过去了。（梁实秋《时间即生命》）

译文：These young guys were playing *mahjong* all day long, much of their time *being frittered away* aimlessly. （张培基译）

3.2 其他微观与宏观翻译技巧

译文和原作属于不同的语言，不同的语言习惯以及文化背景使得其有着各自的词汇特点、句法构造、表现手法等。为使译文在形式、内容、神韵三方面与原文对等，使译文更流畅，在翻译时要做到"得精忘粗，得内忘外"。位移行为作为虚拟位移构式的"灵魂"，在虚拟位移句中发挥着至关重要的作用。除了对其时体的中英转换进行研究外，我们在研读汉译英文学作品时，收集了虚拟位移经典的汉译英例句，基于汉语和英语的差异，分别从词法微观视角和句法宏观视角对虚拟位移行为动词进行了更加细致的研究。

3.2.1 微观翻译技巧

3.2.1.1 具体法

所谓的具体法就是对源语中较为抽象的文字用具体的单词、词组或句子进行具体的解释,并使译文的文字表达能够降低或消除抽象文字带给读者的理解上的障碍,同时使译文的表达更加通俗易懂。如:

(35)浩浩大大的一座山,没有转弯抹角的石头,没有拂拂垂坡的繁草,没有山溪,总之没有遮遮掩掩的地方,只是一味坦荡。(余秋雨《皋兰山月》)

译文:The massive mountain had no rugged rocks, no swaying weeds, nor streams—in short, *nothing was there to snag or trap a walker*. (徐英才译)

例(35)中以"坦荡"这个形容词来描述山的雄伟。光秃秃的山上,没有杂草,没有顽石,只是这样屹立在这里。在翻译的过程中,译者没有将"坦荡"直译出来,而是用了一个解释"坦荡"的句子"nothing was there to snag or trap a walker"来将这个词具体化。

3.2.1.2 增词法

无主句作为汉语的一种特殊句型,普遍存在于书面及口头的表达中,其主语根据语境随时发生着改变。而在英语中,完整规范的英文句子的主语是不可或缺的部分。因此,在汉译英的过程中,对于汉语无主句的翻译,必须要确认主语并添加主语。汉语在整段话中,常常只有一个主语,下文中的主语常常省略;而英语在每句话中都必须出现主语。另外,英语注重显性连接,讲究以形显义;汉语注重隐性连接,讲究以神统形。因此,在汉译英的过程中,有时需要添加连词、物主代词、介词,以确保句子的完整性。如:

(36)很高,正在我面前,在我身边,在我后面,延伸至无穷。(北京大学CCL语料库)

试译:It's tall and in front of me, on my sides, behind me,

extending into infinity.（增加主语）

（37）时间想从画面上溜走，却被我伸腿一绊，摔倒在阳光的投影里。于是，弥漫在太空中的"永恒"，悄悄地凝聚在这熟悉得留不下一点记忆却又永远不再重复出现的"一瞬间"里。（江南《大海在我的瞳孔里》）

译文：Time tried to *creep away* from the scene, but I thrust out my leg and *tripped him into* the exposure of sunlight. Thus, quietly, I have *frozen* the "eternity" *permeating* the universe *into* the unrepeatable but elusively familiar moment.（徐英才译）（增加宾语）

（38）他在日光之下发青，蔓子爬满了园子。（北京大学CCL语料库）

试译：He is full of strength before the sun, *and* his *branches* go out over his garden.（增加连接词、物主代词）

（39）你在这树根前预备了地方，他就深深扎根，爬满了地。（北京大学CCL语料库）

试译：You made ready a place for it, *so that it* might take deep root, *and* it sent out its branches *over all the land*.（增加连接词、物主代词）

（40）黄土高原……下游河床由此以平均每年10厘米速度抬升，迫使人们为了防洪不断加高两岸大堤。（北京大学CCL语料库）

试译：… of the river. As a result, the riverbed on the lower reaches has quickly *ascended*, *with* an average annual rate of 10 cm. This has forced people to constantly …（增加介词）

3.2.1.3 减词法

为了使译文不拖泥带水、画蛇添足，或是出于译文的语法需求或语言习惯，在汉译英的过程中常常把译文中不需要的单词、词组省略。减词译法的规律与增词译法相同，都是为了使译文文风更加洗练。如：

(41) 山体在此分成几脉，磅礴地朝四方滚滚而去。来路像一根线，缝在深谷崇山之中层峦叠嶂移开了，正前方是一道明亮耀眼的冰岭。（张承志《大阪》）

译文：The mountain *spread and rolled in all directions*. Seen from afar, the small path they took was much like a thread in the deep valley. Now, layers upon layers of peaks and knolls no longer blocked their eyes and right ahead they saw a dazzling ice ridge.（李洁译）

(42) 这些山，凝固了千百万年，连成一气，却又是滚滚滔滔，波涌浪叠。（余秋雨《皋兰山月》）

译文：These mountains, for thousands upon thousands of years, had stood here *clutching each other*, but at the same time *billowing and surging forward*.（徐英才译）

例（41）中的"磅礴"有气势盛大之意，可译为 of a great momentum，在句中用来形容虚拟位移主体"山体"雄伟的气势，与后面的"朝四方滚滚而去"所起作用一致，都是修饰"山体"。因此将"磅礴地"省译。"山体在此分成几脉，磅礴地朝四方滚滚而去。"若译为"The mountain of a great momentum spread and rolled in all directions."就有啰嗦之嫌。同样是形容虚拟位移主体"山"，例（42）将山赋予了历史的厚重感，将其形成过程描述为"凝固了千百万年"，即经过千百万年地壳位移和沧海桑田才有了今日磅礴的山体。该句在翻译的处理上将时间状语作为插入语 for thousands upon thousands of years，保留了原文固有的顺序，省略动词"凝固"的翻译，使句子更为简练地道。

3.2.1.4 合词法

无论是汉语还是英语，人们都喜欢在书面语和口头语中使用同义词或近义词以强调所要表达的意思。在翻译的过程中，我们可以把这些表达相同或相似意思的词用一个词简洁地表达。翻译的目的就是让目标语读者读懂。合词法选用其中最贴切的词往往也可以传神地表达原文的意思。例如：

(43) 这条能源管道由西向东，穿大漠，过太行，越黄河，跨长江，蜿蜒4000公里，泽及数亿人民，将于2005年全线贯通。（北京大学CCL语料库）

试译：The pipeline, *meandering* 4,000 km across the Gobi Desert, Taihang Mountains and the Yellow River as well as the Yangtze River, will benefit hundreds of millions of people and is scheduled to be completed in 2005.

(44) 白天的喧嚣与骚动，随着最后一片晚霞的消失而远去。热闹的人际交往与似乎永远都在纠缠着你的杂事，也随着太白星的闪烁而飘去，夜晚渐渐合拢。（毛时安《长夜属于你》）

译文：The hustle and bustle of the day has *gone away*, as the last wisp of glowing cloud fades with the sunset; the din of social activities and the seemingly never-ending chores have also *ebbed away* as Venus starts to glitter. （徐英才译）

(45) 一条狭窄的走廊直接穿过房子，通向后花园。（北京大学CCL语料库）

试译：The path *leads to* a hill bare of vegetation.

例（43）中的动词"穿""过""越""跨""蜿蜒"为近义词，都表示通过、贯连的意思。因此在翻译时可以仅将其中的一个动词"蜿蜒"译出，用分词形式 meandering 表示管道延伸的状态。例（44）中 hustle 作为名词意为"忙碌喧嚣"，bustle 作为名词意为"忙乱嘈杂；喧闹"，英语中常把二者合用，意为"喧嚣与骚动"。例（45）中"穿过"和"通向"都表达走廊的延伸方向，因此，在翻译的过程中仅用 leads to 就可以简练地表达所描述的画面。

3.2.1.5　词性转换法

英汉两种语言不同的文化背景决定了其在语言表达上的巨大差异。因此，在翻译的过程中常常通过转换原文语句中的词性使译文更加地

 英汉虚拟位移构式研究 | 126

道。汉语的动词和形容词的使用频率较高；而英语的名词和介词的使用频率较高。因此，在汉译英的过程中，常常将汉语中的形容词转换为英语中的动词，将汉语中的动词转换为英语中的名词或介词。如：

（46）直走，则通往山上，蜿蜒曲折，看不到尽头。（北京大学CCL语料库）

试译：But straight ahead, the road *went directly to* the mountain, *winding* as it climbed up, finally disappearing in the mist.（形容词转换为动词）

在例（46）中，译者将形容词"蜿蜒曲折"译为动词 winding，wind 作为动词时意为"蜿蜒；曲折而行；迂回"。这样使用转换法翻译使译文更地道。

3.2.2 宏观翻译技巧

3.2.2.1 语序调整

英语和汉语在语序和语法结构上会有很大的不同。因此，在翻译的过程中就不能机械地进行翻译。要符合译文的语言习惯，有时需要对原文进行调整，改变语序使译文更顺畅。如：

（47）天和地相接的亲密上，还有从天地缝隙间伸延而去的路么？路的生命没有尽头，只有高原才能展示路的生命。（唐大同《霍霍西北风》）

译文：Will any *road continue* through the gap between the intimate convergence of Heaven and Earth? The *life of a road* is *endless*, but only the plateau can reveal that life.（徐英才译）（主语换序）

（48）于是，一条洒满碎光的小路，一弯、又一弯，从幽静的绿树丛中伸到他们脚下。（乐维华《山趣》）

译文：Thus, *one bend after another*, a sunlight-flecked *path crawls from out of* the secluded, verdant woods *to* where their feet are.(徐英才译)

(49)烧山芋和热茶的香味,便一下子扑入你的鼻子。(艾芜《冬夜》)

译文:*Immediately* your nose *is filled with* the aroma of hot tea and roast sweet potatoes.(徐英才译)(状语换序)

3.2.2.2 句子结构解构与重构

在面对长难句时,复杂的句子常常令译者无从下手。在这种情况下,译者可先找出句子的主谓宾,对其进行语法分析,确定句子中的各个成分之后,再理清修饰主语或宾语的从句。理清句子的成分后,再按照译入语言的语言习惯调整语序,恰当地对句子进行拆分断句。另外,在文学翻译中,有时会适当的保持源语长句的原貌以保持文体文风。如:

(50)我闻见屋里的罂粟花味越来越浓,看到墙上地上全拥挤着罂粟花晒干后的穗状花串,连老族公自己也幻变成一颗硕大的罂粟花,窒息了宁馨的乡村空气。(苏童《飞越我的枫杨树故乡》)

译文:A pervasive odor of poppy flowers *hit my nostrils* and I saw the walls and the floor strewn with sundried poppies, among which the old clan patriarch looked like a big poppy blossom. At that moment, I felt the peaceful and serene air in the village suddenly *became stagnant*.(李洁译)

原文描写罂粟花的是一整句话,用三个逗号隔开。在汉译英的过程中,译者根据理解以及为了让语言表达更通顺,将其分为两句。第一句话的译文省略了原文的"越来越浓",直接以 hit my nostrils 来描写扑鼻的花香,将静态描写转换为虚拟位移。用从句 among which... 来修饰陶醉在花海中的老族公。第二句插入了 at that moment,突出了此时此刻被罂粟花笼罩下的世界仿佛静止,充满馨香仿佛人间天堂的状态。

3.2.2.3 语序调整抽译法

抽译法又称转句法,是指在翻译的过程中将原文中的某个词或词组单独拉出来,翻译成独立的句子。汉语中常有一些词组,含义丰富,短小精悍。想要把原文中这些词或词组中的内容及其形式翻译成地道的英语十分困难。因此,在这种情况下,常常使用转词为句的方法。同断句法一样,这种译法都是为使译文更加清晰明了,从而起到简化句子结构的作用。如:

(51) 一根扭不弯的直线,一直通到太阳升起的远方。(唐大同《霍霍西北风》)

译文:A straight line, resistant to bending, *leads* directly *to* where the sun rises. (徐英才译)(定语转句)

(52) 蓝色的涛声在空中忽明忽暗地飘荡。(江南《大海在我的瞳孔里》)

译文:The sound of the blue sea waves *wafts* in the air rhythmically—*brightly for a moment and dimly for another*. (徐英才译)(状语转句)

3.2.2.4 合句法

一般情况下,汉语的语句更加简练。与英语相同的句子长度往往有更大的信息量。汉语以短句为主,而英语尤其是在文学作品中甚至会出现一整段只有一个长句的情况,这些长句是以主语、谓语、宾语为骨干,状语、定语从句作为句子的血肉在增加信息量的同时也使得句子更加鲜活。如:

(53) 马蹄重重地踏着石块。山脉正缓缓向背后迂回。(张承志《大阪》)

译文:The horse hoofs tramped and stamped upon rocks and stones *and* the mountain ranges were *left behind* by and by. (李洁译)

(54) 潮湿的空气里充满了绿色的针叶树的芳香。闻到这种芳香的人,觉得自己也变得洁净和高雅了。(王蒙《海的梦》)

译文:The fragrance of the dark-green pine trees *pervaded* the humid air *and* he felt himself clean and elegant in such aroma. （李洁译）

(55) 阿李听见了根生嫂的哭叫，声音送进耳朵里，使他的心更不好受。（巴金《月夜》）

译文：<u>The sound of her shouts</u> *made* Li very uncomfortable. （张培基译）

在汉译英的过程中采用合句法时，常根据原文各句之间的逻辑关系，在句与句之间加上连接词，或根据原文的意思进行适当的简化表达。

3.2.2.5 主动与被动转换法

汉语表达多用主动语态，而英语表达多用被动语态。因此，在汉译英的过程中，为了符合语言的表达习惯，使得语句更加通顺地道，我们可以使用转态译法，将汉语中的主动语态转为英语中的被动语态。如：

(56) 在那儿，黑绿的林子罩在浅浅的山岚里，变成了蒙蒙的灰蓝色。（李锐《寂静》）

译文：Over there, <u>the dark green forests</u> *were enclosed by* a light layer of clouds and mists and <u>the whole valley</u> *was dimmed with* grayish blue. （李洁译）

汉语原文用的是主动语态，译文采用了被动语态。在翻译第二个动词时，分句的汉语相当于是无主句，译为英语需添加主语。因此译文添加了主语 the whole valley，意思实际上与前面的主语 the dark green forests 是一样的，只是为了避免重复，保持译文文字的鲜活，将添加的主语换了一个说法。又如：

(57) 隔着浓浓的草香味儿和一道静静的山水，还能看见<u>老核桃树身后那些坍塌的断墙</u>。密匝匝的蒿草和荆棘从里到外紧紧地逼着它们，石头的断墙七零八落地在荆棘和蒿草中挣扎着，高举着自己眼看就要被淹没的身体。（李锐《寂静》）

译文：Beyond the fragrant grasses and the tranquil water, he

saw the broken walls behind that old hickory tree. The stone walls *were broken* already and the stones and rubbles *scattered here and there* among clusters of tall grasses and thorns. Nevertheless, the stones were struggling to raise themselves a little bit so that they wouldn't be totally submerged by the invading grasses. (李洁译)

(58) 马蹄重重地踏着石块。山脉正缓缓向背后迂回。(张承志《大阪》)

译文：The horse hoofs tramped and stamped upon rocks and stones and the mountain ranges *were left behind* by and by. (李洁译)

(59) 一条水平线（同样也应该叫作地平线吧?），限制了他的视野，真像是"框框"的一个边。原来，海水也是围在框框里的。(王蒙《海的梦》)

译文：His field of vision *was confined by* a level line in the distance (called the "horizon", it would seem?), which was much like the rim of a frame. Oh, the sea *was* also *confined* in a frame, which, of course, was his optical illusion. (李洁译)

以上例子在翻译过程中都进行了语态的转换。英语被动语态的使用可以突出所要强调的对象。因此，在汉语虚拟位移句中，位移主体与位移行为之间的关系在译为英语时常常可以用被动语态作为桥梁，突出位移行为的发起者。位移主体因自身的存在状态给观察者造成虚拟位移之感。

3.3 小 结

汉语和英语差异缘起于这两个民族之间对时间思维的偏好及空间思维的取向的不同。语言作为人类思维的产物，语言的差异仅仅是深层文化差异的一种表象。本章阐明了汉语虚拟位移句中时和体，汉语虚拟位移句中主体对于时间和距离表达的特征。并从语言习惯及其背后的文化依据入手，分析了汉英时体差异的原因，为研究汉语虚拟位移英译中位移动词的翻译技巧提供了理论前提。

第四节　汉语虚拟位移位移路径的英译技巧

在第一章的第三节中，我们介绍了 Talmy（2000b）对虚拟位移的分类研究。指出 Talmy 根据英语虚拟位移运动路径的特点，把虚拟位移分为六大类：发射位移路径（emanation paths）虚拟位移、模式位移路径（pattern paths）虚拟位移、相对框架运动（frame-relative motion）虚拟位移、出现位移路径（advent paths）虚拟位移、通达位移路径（access paths）虚拟位移和延伸/覆盖位移路径（coextension/coverage paths）虚拟位移。其中，发射位移路径虚拟位移下面又包括五小类虚拟位移，分别是：方向位移路径（orientation paths）虚拟位移、辐射位移路径（radiation paths）虚拟位移、影子位移路径（shadow paths）虚拟位移、感知位移路径（sensory paths）虚拟位移和交际位移路径（communication paths）虚拟位移。为了更深入地了解汉英各类虚拟位移位移路径的翻译，我们将分别对以上六类虚拟位移的翻译进行探讨。

4.1　发射路径型虚拟位移

发射路径型虚拟位移的位移路线往往从某一定点出发，呈直线发射状。位移主体均具有［－移动性］、［－生命］、［＋空间延展性］、［＋可通行性］、［＋连贯性］的共同特点，但根据其位移主体的物理性质，可将其位移路径分为五个子类，分别是方向路径、辐射路径、影子路径、感知路径和交际路径。

4.1.1　方向路径虚拟位移

方向路径描述线状或面状物体，人利用大脑这个加工器，将不可移动的物体赋予移动的意义，使其在主观上具有可移动性，这个二维或三维的物体的延伸状况被看作是一种前进式的位移，Talmy 将这种虚拟位移的位移路径称之为方向路径。如：

(60) 这条<u>小道</u>通向一座没有草木的小山。

译文：<u>The path</u> *leads to* a hill bare of vegetation.（北京大学 CCL 语料库）

例（60）中的"小道"是二维平面，"小道"在小山中的存在状态是从某处开始呈条状的延展性态势，从某处开始向远方延伸。在其汉译英中将其位移动词"通向"译成 leads to，以一般现在时态体现了其客观存在的性质。又如：

(61) 这里阗无一人，眼下只是<u>绵绵群山</u>，趁着月色，<u>直</u>铺天边。（余秋雨《皋兰山月》）

译文：What I saw, standing alone, was <u>an endless scene of mountain after mountain</u>, taking advantage of this fine moonshine to *sprawl up to* the very edge of the sky.（徐英才译）

例（61）中的位移主体"绵绵群山"是一种三维立体物体，形容词"绵绵"和定语"群"将"山"赋予空间的延展性，位移动词"直铺"是"一直铺向"的简写，体现了群山绵延巍峨的雄伟景色。将其译为动词词组 sprawl up to。动词 sprawl 有"蔓延；杂乱无序地拓展"之意（《牛津高阶英汉双解词典》（第七版））。关于方向路径的类似汉译英例句如下：

(62) 我们原以为<u>小道</u>会突然中断，但发现它却穿过树林，<u>蜿</u>蜒向前。（北京大学 CCL 语料库）

译文：We expected the <u>path</u> to end abruptly, but we found that it *traced its way through* the trees.（北京大学 CCL 语料库）

(63) 直走，则通往山上，蜿蜒曲折，看不到尽头。（北京大学 CCL 语料库）

译文：But straight ahead, the <u>road</u> *went directly to* the mountain, *winding* as it climbed up, finally disappearing in the mist. (北京大学 CCL 语料库)

(64) 一条小路穿过原野通到他的家。(北京大学 CCL 语料库)

译文:A track *runs across* the field *to* his house. (北京大学 CCL 语料库)

(65) 于是,一条洒满碎光的小路,一弯、又一弯,从幽静的绿树丛中伸到他们脚下。(乐维华《山趣》)

译文:Thus, one bend after another, a sunlight-flecked path *crawls from out of* the secluded, verdant woods *to* where their feet are. (徐英才译)

(66) 那铺天盖地的连绵荒漠中,单薄羸弱的背影是那样坚忍,那样固执。(斯妤《躁动的平静》)

译文:Again and again I see my lonely shadow on the *vastly sprawling* desert. Thin and frail as this image may be, my back looks so firm and perseverant. (徐英才译)

(67) 远方,仍然是辽远的牧场、牧场坦荡的辽远吗?人们眼里,天和地总有相接的时候和终点,而路却没有止尽,没有止尽,永远伸向无限……(唐大同《霍霍西北风》)

译文:In the distance, is it still a *far stretching* pasture, a pasture so broad, level, and far stretching? In people's eyes, the sky and the earth will eventually converge and end, but the road will not. The road extends on and on into infinity…(徐英才译)

(68) 如今方圆三百多平方公里的岛东滩涂,是我离开故乡后淤涨出来的沧海桑田。线下它每年以大约上万亩速度东扩。(张守仁《长江口的芦苇荡》)

译文:Today's East Beach is a new land of three hundred square kilometers that has *emerged* through the deposition of silt in the sea since I left. (徐英才译)

(69) 这些山,凝固了千百万年,连成一气,却又是滚滚滔滔,波涌浪叠。(余秋雨《皋兰山月》)

译文：These mountains, for thousands upon thousands of years, had stood here *clutching each other*, but at the same time *billowing and surging forward*.（徐英才译）

另外，Talmy认为"视觉路径"也属于发射型路径。尽管视觉主体是有生命的，但其所发出的光线是不可见的，无生命体征的，具有客观性。这种客观存在且具有发射性的光线具有［－移动性］、［＋空间延展性］。若要表达这种不可见光线所经路径，必须使用虚拟位移构式。如：

（70）他斜视着你，他那高傲的眼光从鼻梁经过嘴角而往下流。（萧红《永久的憧憬和追求》）

试译：He would eye me sideways with his arrogant look *streaming down* the bridge of his nose and then *off* the corner of his mouth, making me feel as if pricked on needles.

4.1.2 辐射路径虚拟位移

辐射路径中的"辐射"意为"从中心向各个方向沿着直线延展出去"（《汉英双语现代汉语词典》）。辐射路径型虚拟位移的位移路线往往从某一定点出发，呈放射状延伸。其位移主体往往是光源（太阳、月光、灯、火等）。光线是一种几何抽象，光速定义值为29979.2km/s，光速之快使得其在正常的真实的物理世界中不可见。光线以无生命的状态延展于现实的三维世界中，形成辐射路径型虚拟位移。如：

（71）阳光照起来，明晃晃地发白，穿透玻璃跌进屋里，光晕都带着执着的干燥。（张立勤《去北》）

译文：Sunbeams, with their dazzling and tenacious dry radiance, *pierced* the windows and *plunged into* the houses.（徐英才译）

例（71）中的"阳光"，在经过狭窄幽暗空间时，会和周围阴暗的光线形成对比，使得其被衬托成束状放射可见态势。而在有灰尘的情况下，阳光经过灰尘的散射，强度被削弱，因而变得柔和。因此，如果阳光经过一个光线较弱且有灰尘的房屋就会"明晃晃地发白",从而使得阳光肉眼可见。阳光这个位移主体,用插入语做定语表明其状态,位移行为用带有拟人化色彩的词"穿透"和"跌进"来表示,分别译为 pierced 和 plunged。关于辐射路径的类似汉译英例句如下:

(72) 松林中射来凌乱的风灯,都成了满天星宿。(冰心《雨雪时候的星辰》)

译文:Lights from hurricane lamps flickering about in the pine forest *casted* the scene of a star-studded sky. (张培基译)

(73) 中午的阳光慢慢挤进峡谷,阴气浮开,地气熏上来,石板有些颤。(阿城《遍地风流》)

译文:At noon, the sunlight slowly *squeezed into* the valley. The cold air *dispersed* and the valley plain *turned warm*. (李洁译)

(74) 阳光来了,经过松针遮挡后,落到地上时已像一缕缕白雾了。在一根根长满青苔的树干间,他们看见阳光在徘徊,山冈上突兀而起的石块上,阳光留下了一丝一痕,或者一片阴影。(乐维华《山趣》)

译文:Here comes the sunshine, which, *diffused* by the pine and cypress needles as it cascades onto the ground, turns into streams upon streams of fog-like rays. Through the gaps between the mossy tree trunks, the two see the *wandering* sunlight *casting* strips and spots of shadows *on* the protruding rock on the ridge. (徐英才译)

(75) 那晚月色,一下把周围一切都刷成了半透明的银质。山舍,小树,泥地,如能用手叩击,一定会有铿然的音响,浩浩大大的一座山,没有转弯抹角的石头,没有拂拂垂坡的繁草,没有山溪,总之没有遮遮掩掩的地方,只是一味坦荡。(余秋雨《皋兰山月》)

译文:It came one night, when the moonshine suddenly *painted* everything around translucently silvery—so silvery that the mountain huts, the small trees, and the earthen ground would clang if one knocked on them with a bare hand. The massive mountain had no rugged rocks, no swaying weeds, nor streams—in short, *nothing was there to snag or trap a walker*.（徐英才译）

(76) 难得在鸭川江畔独自徘徊，任月光簌簌于眉宇发梢与唇边，听月光与波光在默契中演奏大自然的幽美和谐。（林祁《月光祭》）

译文：Alone on this rare occasion, I roam along the Kamogawa River, at the complete disposal of the moonlight that *rustles* between my eyebrows, over the tips of my hair, and around the corners of my lips, while listening to Mother Nature's harmonious melody performed coherently by the moonlight and the glistening ripples.（徐英才译）

4.1.3 影子路径虚拟位移

影子路径中的"影子"作为此类虚拟位移中的位移主体，其投射到某表面的影像具有延展性，且呈发射状延伸。如：

(77) 他的影子遮满了山，枝子好像佳美的香柏树。（北京大学 CCL 语料库）

译文：The mountains *were covered with* its shade, and the great trees with its branches.（北京大学 CCL 语料库）

例（77）中的"他的影子"，将树拟人化为"他"，"遮满"是"树影"的虚拟位移行为，指树枝繁叶茂，树枝伸向四面八方，树群庞大，使得整座山笼罩在树影之中。译文将"遮满"对应译为英语动词被动式 were covered，使用对等法与原句意义对等。

4.1.4 感知路径虚拟位移

感知路径中"感知"的主体多指人在现实物理世界中通过感觉器官而发生的视觉、嗅觉、听觉。这里将客观实物与人体器官作为主观世界

中可移动的物体,在人体感知外部世界时与外部世界发生作用,而发生作用所通过的路径称之为感知路径。如:

(78) 流动在身边的说不清的生疏和气味,和烟草呛嗓子的辣味。(张立勤《去北》)

译文:*Floating* around me were unfamiliar odors, and the choking smell of tobacco. (张培基译)

例(78)中的"生疏""气味""辣味"作为一种抽象的客观存在,是由人体器官与外部世界发生作用后产生的。位移动词"流动"将此感知路径与某种氛围或气味这种抽象存在相联系。译文将位移动词以分词形式置于句首,一方面保持了与源语语句顺序一致,采用"直译法"保证了句子翻译的忠实性,另一方面则运用完全倒装句与省略法,使得句子更加精炼,增加了译文的可读性。

4.1.5 交际路径虚拟位移

交际路径中的"交际"指人在现实世界人际交往过程中所产生的交流。人与人之间的交流不外乎于手势及语言。当声波编码成为交流者可以共同识别的语言信息并被听话者所理解时,交际行为产生,而在这个过程中,交际路径这一虚拟路径起到了至关重要的作用。如:

(79) 阿李听见了根生嫂的哭叫,声音送进耳朵里,使他的心更不好受。(巴金《月夜》)

译文:The sound of her shouts *made* Li very uncomfortable. (张培基译)

例(79)中的交际信息是"哭叫",所传达的信息是人物的悲伤心情,这种悲伤心情通过"哭叫"传送给听者,同时也将其所表达的情绪通过人的感官传达出去。例句中的交际路径实际上是声音在空气中的传播。张培基并没有将该句的虚拟位移主体"哭叫"译成 cry and short 而是将其直接译为 shouts,位移行为"送进"没有直接译为 send to 而是译作 made,使得英文的表达更加地道通顺。其他类似的例句如下:

(80) 春桃的话，是从他耳朵进去的维他命，他得听，因为于他有利。（许地山《春桃》）

译文：To him, *her word was law*. He obeyed her because it was to his benefit. （张培基译）

例（80）中，译者在翻译进入主人公耳中的"话"时一并将语音"进入"的路程翻译出来。一方面，这一路程是人人皆知且是一种正常人的生理反应，另一方面也符合语言表达的简练通顺原则。

4.2 模式路径型虚拟位移

模式路径型虚拟位移的位移主体通常在现实物理世界中呈静止状态，且其延展性是由多个小的个体重复出现组合而成，通过认知主体大脑的处理，其延展性被认为是具有位移性质的路径。如：

(81) 在篝火附近，他看到了离开的脚印，穿过一条小径走进了林子。（北京大学CCL语料库）

译文：Near the campfire, he saw some tracks leaving the place, *heading for* the forest *through* a narrow road. （北京大学CCL语料库）

例（81）中的"脚印"单个来讲本不具备延伸性，但一串脚印并且顺着某一路径延伸则使其形成由多个点组成的线条，具备了延展性。位移行为"穿过"以一个介词through表达。而heading for表达位移方向。再看以下例子：

(82) 多少个深夜幺叔精神勃发，跟着满地乱窜的野狗，在田埂上跌跌撞撞地跑，他的足迹紧攥着狗的卵石形蹄印，遍布枫杨树乡村的每个角落。（苏童《飞越我的枫杨树故乡》）

译文：On so many nights, uncle, in high spirit, enjoyed himself chasing wild dogs in the field, rushing and tumbling over, *following* the dogs' pebble-like footprints *to* every corner of the village. （李洁译）

(83) 你头顶的一片星空蔓延至河床，白天数过无数水泥小方块一直叫累。(东东《夏至》)

译文：Now, the star-strewn sky over your head has *extended to* the riverbed, and you have been complaining that you are tired after your feet have traversed myriads of check-patterned concrete pavers during the daytime. (徐英才译)

4.3 相对框架运动虚拟位移

相对框架运动虚拟位移的位移主体移动，而参照物静止。但在位移行为的过程中，参照物与位移主体构成的局部框架内，通过视觉感官的刺激且经过人脑的处理，在主观世界中将客观世界中的位移主体与参照物的动静状态对调，位移主体变为静止状态而参照物变为移动状态。如：

(84) 马蹄重重地踏着石块。山脉正缓缓向背后迂回。(张承志《大阪》)

译文：The horse hoofs tramped and stamped upon rocks and stones and the mountain ranges were *left behind* by and by. (李洁译)

例 (84) 中，"马"是位移主体，而身后的景色"山脉"则是参照物，随着马的前行，山脉被看作是移动的。"山脉"由一系列的山组成，因此翻译为 mountain ranges，而位移动词"迂回"译为 left behind 则充分显示了参照物在位移主体的移动下所体现的移动错觉。全句采用一般现在时翻译描述一种客观存在的状态。相似的例句如下：

(85) 眼见长江趋大海，晴天却似向西飞。(清·孔尚任《北固山看大江》)

译文：At the Yangtze river flows into the sea, the waves roll like the clear blue sky *fly backward*.

(86) 阴云被高速行驶的汽车越来越抛在后面了。(王蒙《海的梦》)

译文：As they rode forward, the dark clouds *were quickly left behind*. （李洁译）

4.4 出现路径虚拟位移

出现路径虚拟位移的位移主体多为静态物体的聚集（如：树丛、篱笆）。这些实际静止的物体以某片区域为中心聚集围绕在四周，给人以动态效应。如：

（87）高耸的杨树、槐树和其他树木，密密地聚集一起，几乎掩盖了高低错落的平房和楼房。（朱鸿《渭水悠悠》）

译文：The towering poplars, locusts, and other trees *huddle so densely together* that they almost shroud the bungalows and buildings of various heights. （徐英才译）

例（87）中的位移主体"树木"虽然是有生命的，但其扎根泥土，在正常条件下并不发生横向位移。当树木多且密集时，在客观上并不会自动"聚集"在某处。此句将树木"聚集"这个位移行为译为 huddle so densely together that，运用 so that 将其聚集的效果加强。因此，这个虚拟的"聚集"路程就是其所在位置的刻画方式，在现实物理世界中并不会发生真实的位移。Talmy 将此类虚拟位移称之为出现路径虚拟位移。

4.5 通达路径虚拟位移

通达路径虚拟位移用于描述两处相距较远的且具有固定位置的主体。将二者出现位移的距离描述成一段可通行的路程，使其在主观世界中产生动态位移，从而更加生动地展示其所在位置，使其更具画面感和空间感。如：

（88）一条小路穿过原野通到他的家。（北京大学 CCL 语料库）

译文：A track *runs across* the field *to* his house. （北京大学 CCL 语料库）

例（88）中的从"原野"到"他的家"是有一段距离的，而对于客观静止的虚拟位移主体"小路"，在描述其延伸范围时使用了位移动词"穿过"和"通到"，英语将其位移行为译成 runs across…to…，把小路的出现范围以动态的形式展现出来，将这种意识传入人脑中，十分生动。

4.6 延伸路径虚拟位移

延伸路径虚拟位移的主体是静止且具有延展性的物体。在客观物理世界中，此主体并不具有移动性，但其延展具有一定方向，因而赋予了其向某一固定方向位移的视觉及心理体验，这种假想的位移所经路程为延伸路径。如：

（89）山体在此分成几脉，磅礴地朝四方滚滚而去。来路像一根线，缝在深谷崇山之中层峦叠嶂移开了，正前方是一道明亮耀眼的冰岭。（张承志《大阪》）

译文：The mountain *spread and rolled* in all directions. Seen from afar, the small path they took was much like a thread in the deep valley. Now, layers upon layers of peaks and knolls no longer blocked their eyes and right ahead they saw a dazzling ice ridge.（李洁译）

例（89）中"山体"所分成的山脉在真实的物理世界中并不会"滚滚而去"，借助这样的路径动词可以体现出群山的磅礴。该句李洁在翻译时将汉语的两个分句译为一句完整而精炼的英文，巧妙地将群山"滚滚而去"的延伸路径译为 spread and rolled in all directions（向四面八方铺展开来），准确地传达了其路径信息。相似的虚拟位移的英译例句如下：

（90）然后，只走了几步路，我们来到一座危岩从那堤岸迤逦而去的地方。（北京大学 CCL 语料库）

译文：We walked a few more steps and then we reached the

rocky bridge that *juts out from* the bank. (北京大学 CCL 语料库)

(91) 巉岩陡崖已低低沉向脚底，两侧山沟里满盛着白沙般的粉雪，明晃晃的。(张承志《大阪》)

译文：The sheer cliffs with craggy rocks *were left behind them by and by*. The valleys on two sides were filled with white glaring snow. (李洁译)

(92) 大地峥嵘万状地倾斜着，向着南方的彼岸俯冲而去。这是从海拔四千米向海平面以下延伸的、大地的俯冲。(张承志《大阪》)

译文：The inscriptions on a vast rock on the top of the mountain were already *indistinct* and beside the rock skeletons of a horse *scattered*. The ground *dived southward with* all its majesty, austerity, ruggedness and sheer strength. This was a *dive* from four thousand meters high! (李洁译)

(93) 万丈绝壁飞快垂下去，马帮原来就在这壁顶上。转了多半日，总觉山地风冷，却不料一直是在万丈之处盘桓。(阿城《遍地风流》)

译文：Right below us was the sheer precipice, which *sank vertically* thousands of feet downward! I had thought that the mountain was not high. Who could expect that we spent half a day winding our way on the top of the cliff under which was such an unfathomable abyss! (李洁译)

(94) 一片浅草平铺的缓坡通向山脚，像一方铺入山神殿堂的地毯。初秋的草仍是绿茸茸的，向更深更远处衍生。(陈心华《秋雨·山林》)

译文：A gentle, short-grass-covered slope *unrolls to* its foot, looking like a square-shaped carpet *spread out* in front of a mountain-god temple. (徐英才译)

第五节 汉语虚拟位移位移方式的英译技巧

由于汉语的方式动词远远没有英语的方式动词丰富，因此同一个汉语的方式动词往往对应着多个英语的描述性动词。因此，在翻译时需要根据语境选择一种恰当的英文表达。如：

(95) 记者在从拉萨到林芝采访中沿川藏公路而行，390 公里的道路上黑色的柏油路面蜿蜒延伸在雪山河谷之中，还翻过了海拔 5020 米的米拉山口。（北京大学 CCL 语料库）

译文：We drove on the Sichuan-Tibet Highway on our way from Lhasa to Nyingchi. The 390-km paved road *meanders* on snow-capped mountains and river valleys, including the Mila Mountain Pass that is 5,020 meters above sea level. （北京大学 CCL 语料库）

(96) 我们原以为小道会突然中断，但发现它却穿过树林，蜿蜒向前。（北京大学 CCL 语料库）

译文：We expected the path to end abruptly, but we found that it *traced its way through* the trees. （北京大学 CCL 语料库）

例（95）和（96）都是汉语虚拟位移构式。例（95）的位移主体是"柏油路面"，位移词是"蜿蜒延伸"，将其翻译为英语时，由于方式动词 meander 即可直接表示"蜿蜒延伸"的意思，将其翻译为 meander 既简洁又能表达源语的意境。如果将其翻译为"副词＋动词"的形式，反而使译文显得生硬和不地道。而例（96）的位移主体是"小道"，位移词是"蜿蜒"，但在翻译时，根据语境表达的具体意思，例（96）的译文同样没有选择将其直译，或翻译为例（95）的 meander，而是根据表达参照物"树林"的需要，选择了词组 *traced its way through* 将其与参照物融合为一句表达，简洁而地道，并形象地表达了其延伸的方向。如：

(97) 血迹一直延伸，穿过。（北京大学 CCL 语料库）

译文：The bloody stains *slicing through* . （北京大学 CCL 语

(98)很高，正在我面前，在我身边，在我后面，延伸至无穷。（北京大学 CCL 语料库）

译文：It's tall and in front of me, on my sides, behind me, *extending into infinity*.（北京大学 CCL 语料库）

例（97）和（98）的汉语虚拟位移表达都使用了"延伸"这个方式动词同时表达方式信息和路径信息，遵循"方式条件"。但由于其对应的英文表达不只一个，因此，我们需要根据语境的需要，挑选符合语境的译文。例（97）的译文选择 slice through（动词+介词）这样的词组进行翻译，同时突出了原文的另一个词"穿过"。而译者在翻译例（98）时则选择用词组 extend into infinity 将行为方式与参照物融合在一起表达，使译文更为简洁和地道。

(99)一条狭窄的走廊直接穿过房子，通向后花园。（北京大学 CCL 语料库）

译文：The path *leads to* a hill bare of vegetation.（北京大学 CCL 语料库）

(100)走廊，回廊一种窄的门厅，通道或游廊，通常通向房间或套间。（北京大学 CCL 语料库）

译文：A narrow hallway, passageway, or gallery, often with rooms or apartments *opening onto it*.（北京大学 CCL 语料库）

(101)好比沿着一条通向山顶的正确道路前进，普京从未动摇过，并对此引以为豪。（北京大学 CCL 语料库）

译文：As if *following* a direct path *to* the top of a mountain, this Putin never wavered and is proud of it.（北京大学 CCL 语料库）

(102)甚至在第二次撞击发生后，南楼还有一条楼梯可通向外面的街道。（北京大学 CCL 语料库）

译文：Even after the second airplane struck, an open staircase *connected* the upper reaches of the south tower *to* the street.（北京

大学 CCL 语料库）

例（99）至（102）的汉语虚拟位移构式都使用了"通向"来同时表达方式信息和路径信息。但由于"通向"所对应的英文表达有很多，因此，我们同样需要根据语境和句子表达的需要，挑选合适的翻译。翻译例（99）时译者选择用"位移主体（the path）＋lead to"的方式进行翻译，主要为了突出说明走廊的方位。例（100）的译文则选择用"参照物（rooms or apartments）＋ open onto ＋位移主体（hallway）"的方式，主要为了突出参照物，即"走廊"所通向的地方。例（101）的译文又选择了另一种翻译方式，将位移主体放到中间，用"follow＋位移主体（the path）＋to"的方式进行翻译，是由于其不是主句，出于句子结构的需要进行的调整。例（102）的虚拟位移构式由于有两个参照物，所以译者选择用"位移主体（staircase）＋connect＋参照物1（the south tower）＋ to＋参照物2（the street）"的方式，用connect...to...把两个参照物自然地表达在一起，使译文简洁又符合源语的意思。从以上例句我们可以看出，汉语的同一个行为方式动词，可以根据位移主体在表达时所放的位置，来选择合适的英语动词进行翻译，使译文变得简洁而地道。类似的例子如下：

(103) 他在日光之下发青，蔓子爬满了园子。（北京大学 CCL 语料库）

译文：He is full of strength before the sun, and his branches *go out over* his garden.（北京大学 CCL 语料库）

(104) 你在这树根前预备了地方，它就深深扎根，爬满了地。（北京大学 CCL 语料库）

译文：You made ready a place for it, so that it might take deep root, and it *sent out* its branches *over* all the land.（北京大学 CCL 语料库）

(105) 富有光泽的瓜爬满藤蔓。（北京大学 CCL 语料库）

译文：Melons *lie* luminous *on* the vine.（北京大学 CCL 语料库）

例（103）至（104）的汉语虚拟位移构式都使用了"爬满"来同时表达方式信息和路径信息。但我们不能单纯将"爬满"翻译为一样的英文表达，而应根据位移主体的位置和句式的需要，挑选合适的翻译。例（103）的位移主体是"蔓子"，参照物是"园子"，汉语的句子结构是"位移主体＋位移行为＋参照物"，翻译时，可以对应翻译为"位移主体＋位移行为＋参照物"的形式，只是英语把位移行为"爬满"拆译为了"方式动词词组（go out）＋介词（over）"的形式。例（104）的位移主体是"它"，参照物是"地"，汉语的句子结构仍然是"位移主体＋位移行为＋参照物"，翻译时，同样对应翻译为"位移主体＋位移行为＋参照物"的形式，跟例（103）不同的是，例（104）选择了方式动词词组 sent out，而没有用 go out，主要是为了突出位移主体的主动性，其主动性也体现在译者在方式动词（sent out）和介词（over）之间插入了 its branches。例（105）的位移主体是"瓜"，参照物是"藤蔓"，跟前两例一样，汉语的句子结构仍然是"位移主体＋位移行为＋参照物"，翻译时，译者对应翻译为"位移主体（melons）＋方式动词（lie）＋介词（on）＋参照物（the vine）"的形式。因此，我们可以看出，相同的句子结构，翻译时采取的句子结构也大致一样，但所选用的词语可以根据语境和表达的需要再做调整。

总结而言，以上出现的汉语对应的英文表达总结如表 9。

表 9　汉语方式动词的英译

汉语	英语
蜿蜒、延伸	meander, trace its way through, wind to, stretch over, slice through, extend into…
通向	lead to, open onto it, follow to, connect to…
爬	go out over, sent out over, lie on…

选用哪一个英语表达进行翻译，可以根据原文各语义要素的位置、译文表达的需要和位移主体的具体位置进行综合性的选择。关键是要使译文遵循"方式条件"，并符合译入语的表达习惯。

第六节 汉语虚拟位移时间量和距离量的英译技巧

在第四章第五节里,我们已经对比了英汉虚拟位移构式时间量/距离量的异同点,基于以上异同点,本节将主要探讨将汉语虚拟位移构式中有关距离的表达翻译为英语的技巧。

基于英汉虚拟位移在表达具体信息方面的差异,即英语偏向于添加时间量的表达而汉语趋向于添加距离量的表达,在翻译汉语虚拟位移距离信息时,我们不能采取直译法,因为这不符合英语虚拟位移构式的要求;而应该把汉语对于距离的表达翻译为英语关于时间的表达。在这一节里,我们将具体讨论翻译包含距离信息的汉语虚拟位移构式技巧。在汉语的三类虚拟位移,即主观性虚拟位移、原型性虚拟位移和准真实虚拟位移中,同样只有主观性虚拟位移不允许添加移动距离的信息,其他两种都可以添加,因此我们只分别讨论在汉语原型性虚拟位移和准真实虚拟位移中距离信息表达的英译技巧。

6.1 汉语原型性虚拟位移距离信息的英译技巧

汉语原型性虚拟位移允许添加模糊的移动距离信息,但不允许添加具体的距离信息,在翻译模糊的距离信息时,我们不能直译,而应使译文符合英语虚拟位移对于时间和距离的要求,将其译为有关时间的表达。如:

(106) 一条狭窄的走廊直接穿过房子几公里,通向后花园。(北京大学 CCL 语料库)

(107) The path *leads to* a hill bare of vegetation *for a while*. (北京大学 CCL 语料库)

例(106)是原型性虚拟位移,可以添加模糊距离信息"几公里",符合汉语虚拟位移表达的要求,但如果直接译为英语"The path leads to a hill bare of vegetation several miles",则不符合英语虚拟位移构式对于时间量和距离量的语义特征限制,虽然在语法上并无问题,但译文不符合英语思维方式。应该将空间性的描述"几公里"转化为对应的时间性的描述 for a while,如例(107)所示,使其符合英语的表达习惯,使读者更易理解。

6.2 汉语准真实虚拟位移距离信息的英译技巧

汉语准真实虚拟位移既可以添加模糊距离信息,也可以添加精确的距离信息。在翻译模糊距离信息时,如果翻译为英语,英语中的词汇能同时表达时间和空间特性,则可以将距离信息直译。如:

(108) 很高,正在我面前,在我身边,在我后面,延伸至<u>无穷</u>。(北京大学 CCL 语料库)

(109) It's tall and in front of me, on my sides, behind me, *extending into infinity*.(北京大学 CCL 语料库)

例(108)添加的距离信息是"无穷",翻译为英语可以用 infinity。由于 infinity 既可以表示无限的时间,也可以表示无限的空间、距离和数量等,因此可以直接将汉语中表达距离信息的"无穷"翻译为英语中既能表达时间又能表达空间信息的 infinity。

而在翻译汉语准真实虚拟位移中具体的距离信息时,由于我们很难做到直接把具体距离信息转换为相应的时间的长短,最好的处理方式是将汉语准真实虚拟位移翻译为英语真实位移,使时间和距离的表达不受限制。如:

(110) 很高,正在我面前,在我身边,在我后面,延伸至<u>10米高</u>。

(111) *It's 10 meters tall*, locating in front of me, on my sides and behind me.

例(110)中,"10米高"表达的是具体的距离信息,可以用于准真实虚拟位移构式中,但若将例(110)直接翻译为"It's tall and in front of me, on my sides, behind me, extending into 10 meters",则不符合英

语虚拟位移表达的时间性性质。为了尽量保留原文的信息,我们采取将原文虚拟位移转换为真实位移的方法,将其试译为例(111),"It's 10 meters tall, locating in front of me, on my sides and behind me."既能保留原文的距离信息,又不违反英语虚拟位移对时间和距离信息表达的限制,使译文读起来自然、地道。

第七节 本章小结

本章主要基于自建小型语料库,分别探讨了汉语虚拟位移构式位移主体和参照框架、位移行为、位移路径、位移方式以及位移时间量和距离量的英译技巧。研究发现:

1)在汉语虚拟位移语言结构的建构过程中,时空方位的变化是其一独特的特征。认知主体随着时间的推移以及视角的变化,对观察的事物也会产生不同的认知。因此,汉语虚拟位移主体的汉译技巧涉及拓扑空间方位的英译、投影空间方位的英译以及"语言事件"空间方位的英译这三种翻译技巧。除考虑词汇对应之外,还需考虑位移主体所在的拓扑空间、投影空间以及"语言事件"空间。因此,汉语虚拟位移主体的英译更多采用[直译+意译]的综合技巧。

2)位移行为在虚拟位移语言中表征为句子的谓语动词,涉及时与体两个方面,同时也涉及词法与句法。汉语虚拟位移行为的英译,有多种不同的技巧。处理汉语常见体助词"着"的两种方式:(1)翻译为英语的分词形式表示动作的持续;(2)直接对译为英语的进行时态以延续动作的持续性。处理汉语常见时态标记词"了"时,则可以根据句子的语境,翻译为以下几种时态:(1)直接对译为完成体,可以根据句子语境翻译为现在完成体或过去完成体;(2)忽略时体标记,重点突出事物的特征,将其翻译为一般现在时;(3)忽略时体标记,重点突出事物的特征,本来可以将其翻译为一般现在时,但由于句子整体的发生状态就是过去,因此将其翻译为一般过去时;(4)由于翻译时结构处理的需要,将汉语的主要动词+时态标记词"了"处理为英语的伴随形式,用分词的形式表达出来。虚拟位移行为动词的翻译技巧研究还可以从词法和句法两方面进行。在词法上，可以采取具体法、增词法、减词法、合词法和词性转换法等微观翻译技巧；在句法上，则可以采取语序调整、句子结构解构与重构、抽译、合句法、主动与被动转换法等宏观翻译技巧。

3）针对汉语虚拟位移路径的英译，本章主要根据 Talmy（2000b）对虚拟位移的分类，分别对发射路径型虚拟位移、模式路径型虚拟位移、相对框架运动虚拟位移、出现路径虚拟位移、通达路径虚拟位移和延伸路径虚拟位移这六大类虚拟位移构式路径信息的英语进行直译或意译。

4）在处理英汉虚拟位移方式时，如果仍然对应翻译为虚拟位移构式，译文必须遵循"方式条件"，否则译文表达不正确。此外，由于汉语的下义范畴词没有英语那么丰富，或者说汉语的方式动词没有英语的方式动词那么丰富，在翻译英语虚拟位移方式动词时，如果能找到对应的汉语方式动词，则可直接采用直译法，但如果找不到对应的汉语方式动词，则可以采用汉语常用的方式表征结构"位移动词＋状语"的形式进行处理。特别需要指出的是，由于存在同一个汉语的方式动词对应多个英语表达的情况，选择用哪一个英语表达进行翻译，可以根据原文各语义要素的位置、译文表达的需要和位移主体的具体位置进行综合性的选择。关键是要使译文遵循"方式条件"，并符合译入语的表达习惯。

5）基于英汉虚拟位移在表达具体信息方面的差异，即英语偏向于添加时间量的表达而汉语趋向于添加距离量的表达。汉语原型性虚拟位移允许添加模糊的移动距离信息，但不允许添加具体的距离信息，在翻译模糊的距离信息时，我们不能直译，而应使译文符合英语虚拟位移对于时间和距离的要求，将其译为有关时间的表达。汉语准真实虚拟位移既可以添加模糊距离信息，也可以添加精确的距离信息。在翻译模糊距离信息时，如果翻译为英语，英语中的词汇能同时表达时间和空间特性，则可以将距离信息直译。

实证篇

第七章　中国英语学习者习得英语虚拟位移构式实证研究

第一节　引　言

根据钟书能、黄瑞芳（2015a；2015b）对虚拟位移现象的综述研究，我们发现国内外学者对虚拟位移的研究大多集中于理论研究（Talmy，1975，1983，1996，2000a，2000b；Lakoff & Johnson，1980；Lakoff & Turner 1989；Fauconnier，1997；Langacker，2005，2007；李雪，2009；邓宇，2012；范娜，2014b），包括对虚拟位移定义的探讨和分类研究、对虚拟位移认知机制的探讨，和虚拟位移的跨语言对比研究。其中，跨语言对比研究的成果最丰富，其比较的语言涉及了英语和日语（Matsumoto，1996a，1996b，1996c，1997），英语和西班牙语（Rojo & Valenzuela，2003），泰语和日语（Takahashi，1998），英语和泰语（Takahashi，2000，2001），汉语和日语（铃木裕文，2005）以及英语和汉语（李雪，2009；范娜，2011，2014a，2014b；李亚培，2011；韩玮，2012；晏诗源、李秋杨，2013；钟书能、黄瑞芳，2017；钟书能、傅舒雅，2017）。却鲜有学者涉及虚拟位移的实证研究。国外的实证研究主要通过阅读—判断任务，画图任务，有关时间和运动的研究，眼动研究和自定步速阅读等研究方法验证延伸路径虚拟位移的心理现实性（Matlock，2001，2004a，2004b，2006，2010；Matlock & Richardson，2004；Richardson & Matlock，2007），但这些研究仅仅关注英语本族语者，并仅限于探讨其在处理虚拟位移句时大脑是否在模拟位移运动。在国内，针对虚拟位移的实证研究寥寥无几。李玲（2012）借鉴 Matlock 的研究方法进行过尝试性的研究，李爱莲（2018）通过眼动研究验证中国 EFL 学习者在虚拟位移句理解中的语义涉身性。因此，在实证篇，我们将分两章分别报告我们团队所做的有关中国英语学习者习得英语虚拟位移构式的实证研究以及英语母语者习得汉语虚拟位移构式的实证研究。本章将首先探讨不同水平的中国英语学习者习得英语虚拟位移构式的特点以及潜在的习得困难。

第二节　英汉虚拟位移构式对比研究

为了预测中国英语学习者在习得英语虚拟位移构式中可能遇到的潜在习得困难，我们必须首先对英语和汉语的虚拟位移构式进行对比研究，探讨两者的异同点。我们已经在第四章"英汉虚拟位移构式对比研究"详细探讨了这部分内容，在此，我们仅对研究结果进行回顾。

英汉虚拟位移属于特殊的空间位移事件，同样包含位移事件所包含的主要语义要素。虚拟位移构式包含的主要特征要素包括位移主体、位移路径、位移方式和位移时间/距离。英汉虚拟位移构式在这些语义要素上的相同点和不同点总结如下：

1）英汉虚拟位移构式在位移主体的特征上并无显著差异。英汉虚拟位移构式对于位移主体的语义特征要求有两种：同时具备［－生命性］、［－位移性］、［＋长方形］、［＋空间延展性］的语义特征，或者同时具备［－生命性］、［－位移性］、［＋连贯性］的语义特征。

2）在位移路径要素上，英汉虚拟位移构式都需要遵循"路径条件"，即路径信息必须显性表征在虚拟位移构式中，否则虚拟位移表达不成立。但基于这一共同点，英汉虚拟位移构式的路径信息在具体的语言表征上存在一些差异,即英语虚拟位移的路径信息一般通过"路径动词"和"介词"进行表征,但汉语虚拟位移的路径信息除了可以通过"路径动词"和"介词"进行表征外,还可以通过汉语特有的"方向动词"(如来、去、向等)进行表征。

3) 在位移方式要素上,英汉虚拟位移构式都必须遵循"方式条件",即只有方式信息同时表征相关的路径信息,才可以将其编码在虚拟位移表达中。但方式信息在句法上的具体表征却存在差异。英语虚拟位移倾向于使用大量的方式动词,但大多数方式动词却不能用在汉语虚拟位移构式中。此外,只有诸如"缓缓地""笔直地""一直""径直"等方式副词,才能编码在汉语虚拟位移表达中。

4) 在特殊语义要素上,英汉虚拟位移构式呈现完全不同的语义特征。英语虚拟位移构式只能添加时间要素,并且不同类型的虚拟位移构式对时间语义要素的限制不同:主观性虚拟位移不允许添加移动时间;原型性虚拟位移允许添加模糊的移动时间量,但不允许添加具体的、精确的移动时间量;准真实虚拟位移不仅允许添加移动时间,而且还可添加精确的移动时间。而汉语虚拟位移构式只能添加有关距离的要素表达,不能添加时间语义要素表达。跟英语虚拟位移构式类似,不同类型的汉语虚拟位移对距离详细程度表达的限制不同:汉语主观性虚拟位移不允许添加移动距离的信息;原型性虚拟位移允许添加移动距离的信息,但仅允许添加模糊的移动距离信息;准真实虚拟位移表达不仅可以添加移动距离信息的表达,且可添加精确的移动距离表达。

第三节 研究设计

3.1 研究问题和研究假设

本研究主要调查不同水平的中国英语学习者习得英语虚拟位移构式的情况。具体的研究问题如下:

1. 中国英语学习者习得英语虚拟位移构式的特点是什么?潜

在的困难在哪里？

2. 英语水平是否会影响中国英语学习者习得英语虚拟位移的表现？

由于英语虚拟位移主要包括位移主体、位移路径、位移方式和位移时间这四个句法语义特征，因此第一个研究问题可以进一步表述为：中国英语学习者习得英语虚拟位移构式位移主体、位移路径、位移方式和位移时间的句法语义特征的特点是什么？潜在的习得困难发生在哪里？

根据第二节所描述的英汉虚拟位移构式对比研究的结果和母语迁移理论，针对以上研究问题，我们提出以下两个研究假设：

假设1：由于英汉虚拟位移构式在"位移主体""位移路径"和"位移方式"上表现出相似的句法语义特征，而在"位移时间"上表现出完全不同的句法语义特征，因此受母语迁移的影响，中国英语学习者会更容易习得前三个句法语义特征。此外，由于英汉虚拟位移构式在"位移主体"的句法语义特征上几乎没有差异，在"位移路径"的句法语义特征上存在些许差异，而在"位移方式"的句法表征上存在较大的差异，在"位移时间"的句法语义特征上表现出完全不同的特点。因此我们预测，中国英语学习者在习得"位移主体"的句法语义特征时表现最好，紧接着是"位移路径"和"位移方式"，而在习得"位移时间"的句法语义特征时表现最差。

假设2：由于我们无从预测英语水平是否会影响中国英语学习者习得英语虚拟位移的情况，因此，我们对此提出零假设，即英语水平不会影响中国英语学习者习得英语虚拟位移构式的表现。

3.2 实验受试

通过低、中、高三个英语水平的30名受试的试点研究发现，中等水平和高水平受试之间没有显著差异（t＝－0.729,df＝18,p＞0.05），因此本研究最终只选取了高、低两个英语水平受试参与本实证研究。80名中国英语学习者和15名英语母语者参与了本实证研究。40名中国受试是中国南方某985高校的英语专业学生，全部通过英语专业八级考试,代表高水平英语学习组;另外40名受试是中国南方某职业学院药学专业大学一年级新生,未通过大学英语四级考试,代表低水平英语学习组。受试的男女比例是32比48,他们都至少接受了6年正式的英语教育,平均年龄21岁。在做调查前,受试都参与了牛津分级测试(Oxford Quick Placement Test (Syndicate, 2001)),测试共60道题,满分60分。对测试结果的独立样本t检验的结果显示,高水平组和低水平组的成绩具有显著差异($t=23.449$, $df=78$, $p<0.05$),因此,本研究的受试能较好地代表中国高、低英语水平的学习者。

另外,还有15名来自中国南方某重点高校的外籍教师作为对照组参与了本实证研究。他们中有12人来自美国,2人来自加拿大,1人来自英国。男女比例是7比8,年龄跨度从29到73岁,平均年龄58岁。

3.3 实验过程和测量工具

高、低水平两组受试在课堂上依次完成牛津分级测试和语法可接受性判断试题。英语母语者则通过问卷星平台线上完成语法可接受性判断试题。

本研究设计的语法可接收性判断题用于调查受试对英语虚拟位移构式四个句法语义特征知识的内化情况。因此主要包括以下四个测试点:

测试点1:"位移主体"的句法语义特征。如果受试不了解这一特征,就不能正确地判断例(1)和例(2)的可接受性。如:

(1) The table extends from this wall to that wall.

(2) *The cellphone goes from the cup to the book.

不可移动的无生命性位移主体必须同时具备[＋长方形]、[＋空间延展性]的语义特征,或者同时具备[＋连贯性]的语义特征,才可以用位移动词对其进行描述。因此例(1)可以接受,而例(2)不可以接受。

测试点2:"位移路径"的句法语义特征。如果受试不知道这一特征,就可能接受诸如例(4)一样缺少路径信息的虚拟位移句。

(3) The road began to curve.

(4) * The road began to run.

测试点3:"位移方式"的句法语义特征。如果受试没有意识到这一特征,就会接受如例(5)和例(6)一样方式动词或者方式副词仅仅表征了方式信息,没有蕴含路径信息的句子。

(5) * The trail walks through the forest.

(6) * The expressway goes angrily from north to south.

测试点4:"位移时间"的句法语义特征。如果受试不清楚具体的要求,就会导致对以下句子的错误判断。

(7) * The mountain range goes along the coast for some time.

(8) The highway runs along the river for a while.

(9) * The highway goes along the river for 3 minutes.

(10) The road went along the river for 5 minutes.

例(7)属于主观性虚拟位移,不允许添加移动时间,因此例(7)不可接受。例(8)和例(9)属于原型性虚拟位移,允许添加模糊的移动时间量,但不允许添加具体的、精确的移动时间量。因此例(8)是可以接受的表达,而例(9)不可以接受。例(10)属于准真实虚拟位移,不仅允许添加移动时间,而且还可添加精确的移动时间,因此例(10)是可以接受的表达。

语法可接受性判断任务主要测试以上四种句法语义特征,其中测试点1和测试点2分别包括6道题,测试点3和测试点4分别包括4道题,共20道测试题,试题主要选自Matsumoto(1996a,1996c)和杨静(2013)的研究例句,其中一些句子经过作者改编或自编。为了防止受试发现试题的研究目的,我们设计了相同数量的干扰项,因此整套试题共包含40道题(20道测试项和20道干扰项)。为避免受试带有偏见作答,正误句各占一半。句子顺序由简单随机抽样决定。试题分为A、B卷,A卷用于测试中国英语学习者,因此题目的说明设计成中文,并且基于额外的10名低水平学生的试点研究,对可能出现的生词提供了中文翻译。B卷用于测试英语本族语者,因此题目的说明设计成英文。受试的任务是基于Likert五级量表(-2代表完全不能接受,2代表完全接受),判断句子合乎语法的程度。我们借鉴了谢元花(2009)的做法,为了让受试更好把握句子的合法程度,问卷的每一级都标上了百分比,试题要求在15分钟内完成。

3.4 数据分析

正确的判断记正分,错误的判断记负分。评分方法如下:以一个错误的句子为例,当受试选2时,给-2分,选1时,给-1分,选0时,给0分,选-1时,给1分,选-2时,给2分。因此,20道测试题的最高分是40分。由于每个测试点的题数不相同,我们采取正确率进行计分,先计算每个测试点的最高分,然后将受试的实际得分除以最高分,这样,每个测试点的正确率就在±1之间。正确率和正确百分比之间的关系见表1。

表1 正确率和正确百分比的关系

正确率	0.0	±0.1	±0.2	±0.3	±0.4	±0.5	±0.6	±0.7	±0.8	±0.9	±1
正确+	50%	55%	60%	65%	70%	75%	80%	85%	90%	95%	100%
正确-	50%	45%	40%	35%	30%	25%	20%	15%	10%	5%	0

所得数据用Microsoft Excel进行记录,并用SPSS 16.0进行统计分析。

第四节 研究结果

为了确保数据有效,我们采取配对样本t检验分别比较了高水平组和低水平组在测试项和干扰项的表现。由于干扰项考察的是一些真实位移句的基本语法,可以预测受试应该表现得比测试项要好,否则数据无效。测试的结果见表2。

表 2 高低水平组在测试项和干扰项的配对样本 t 检验结果

二语水平	测试项		干扰项		t 值	自由度	p 值
	均值	标准差	均值	标准差			
低	102	117	254	244	−4.265	39	0.000*
高	247	129	515	218	−9.235	39	0.000*

表 2 显示，无论是低水平组还是高水平组，干扰项的均值都显著高于测试项的均值，一定程度上表明数据有效。

为了排除不适当的问卷试题，我们首先对数据进行项目分析，结果显示 20 道测试题都能清楚地区分受试（$p<0.05$）。为了测量测试题是否具有一致性和稳定性，我们用 Cronbach's Alpha 系数对数据进行了信度分析，结果显示整个语法可接受性判断题的信度系数为 0.79，说明试题的内在一致性较好，达到了可接受的信度水平。

由于本研究包括二语水平（2 个）和测试点（4 个）两个变量，我们首先采用双因素方差分析（2×4 设计）对实证结果进行统计分析，结果见表 3。

表 3 二语水平和测试点的双因素方差分析结果

二语水平	测试项		干扰项		t 值	自由度	p 值
	均值	标准差	均值	标准差			
低	0.102	0.117	0.254	0.244	−4.265	39	0.000*
高	0.247	0.129	0.515	0.218	−9.235	39	0.000*

R Squared=0.230（修正 R Squared=0.213）

方差齐性检验的结果显示，数据符合方差分析的要求（$p>0.05$）。表 3 显示，二语水平（$F(1, 79)=22.706, p<0.05$）和测试点（$F(3, 79)=22.148, p<0.05$）变量的主效应均达到了显著水平，并且两者之间没有交互效应（$F(3, 74)=1.383, p>0.05$）。这表明二语水平和测试点对受试的表现均产生影响，且它们的影响没有交互作用。修正后的 R Squared 值为 0.213，表明两个因素变量的主效应对其成绩的解释量为21.3%。

由于二语水平只有两个水平,可直接查看二语水平的边缘平均值,见表4。

表4 二语水平的估计边缘平均值表

二语水平	人数	均值
高	40	0.223
低	40	0.078

表4显示,高水平受试的平均正确率显著高于低水平受试(0.223或61.15% vs 0.078或53.9%),表明当我们把测试点当做整体时,高水平组和低水平组的表现存在显著差异,高水平组表现得比低水平组好。因此,假设2被推翻。为了进一步了解二语水平在各个测试点上的差异,我们对每个测试点分别做了高、低水平的独立样本t检验,结果见表5。

表5 高低水平在各个测试点上的独立样本t检验结果

焦点	二语水平	均值	t值	自由度	p值
1	高	0.390	2.736	78	0.008*
	低	0.244			
2	高	0.296	2.163	78	0.034*
	低	0.150			
3	高	0.150	3.372	78	0.001*
	低	0.081			
4	高	0.056	1.086	78	0.281
	低	0.000			

表5显示,二语水平在测试点1、2和3上都存在显著差异,而唯独在测试点4上没有显著差异。从均值数据可进一步看出,与低水平组相比,高水平组的平均正确率在测试点1(0.390或69.5% vs 0.244或62.2%),测试点2(0.296或64.8% vs 0.150或57.5%)和测试点3

（0.150 或 57.5％ vs －0.081 或 46.05％）上都显著高于低水平组，说明高水平组在习得英语虚拟位移的"位移主体""位移路径"和"位移方式"的句法语义特征时，比低水平组表现得更好。而在习得"位移时间"（测试点4）的句法语义特征上，虽然高水平组的平均正确率同样高于低水平组（0.056 or 52.8％ vs 0.000 或 50％），但两者的差异没有达到显著水平（$p>0.05$）。

由于测试点有四个水平，为了进一步了解各个测试点在高、低水平间的差异，我们选择 Scheffe 检验法进行了事后多重比较分析，结果见表6。

表6　各个测试点的组间多重比较分析结果（Scheffe）

测试点（I）	测试点（J）	平均差（I-J）	p 值
1	2	0.094	0.193
	3	0.282	0.000 *
	4	0.289	0.000 *
2	1	－0.094	0.193
	3	0.189	0.000 *
	4	0.195	0.000 *
3	1	－0.282	0.000 *
	2	－0.189	0.000 *
	4	0.006	0.999
4	1	－0.289	0.000 *
	2	－0.195	0.000 *
	3	－0.006	0.999

表6显示，测试点1和测试点3、4具有显著差异（$p<0.05$），但和测试点2没有显著差异（$p>0.05$），测试点2和测试点3、4也存在显著差异（$p<0.05$），并且测试点3和测试点4之间没有显著差异（$p>0.05$），因此，测试点1和测试点2属于同质组，而测试点3和测试点4归属于另一组，并且两组之间存在显著差异。结合表7有关测试

点的估计边缘平均值结果，我们发现受试在每个测试点的均值均大于0，表明他们的正确率都超过50%。具体而言，测试点1的正确率达到65.85%（0.317），测试点2的正确率是61.15%（0.223），测试点3的正确率是51.7%（0.034），测试点4的正确率是51.4%（0.028）。总而言之，中国英语学习者在习得英语虚拟位移的"位移主体"和"位移路径"的句法语义特征上表现得比习得"位移方式"和"位移时间"的句法语义特征要好。而假设1设想中国英语学习者在习得"位移主体""位移路径"和"位移方式"句法语义特征时的表现均比习得"位移时间"句法语义特征的表现更好。因此，假设1没有被完全证实。

表7 测试点的估计边缘平均值结果

1	0.317	0.030
2	0.223	0.030
3	0.034	0.030
4	0.028	0.030

为了进一步探讨中国英语学习者习得英语虚拟位移四个句法语义特征的特点和潜在习得困难，我们拿高水平组的成绩和英语母语受试的成绩进行对比，两者在每个测试点上独立样本t检验的结果见表8。

表8 高水平受试和英语母语者在各测试点的独立样本t检验结果

测试点	英语水平	均值	t值	自由度	p值
1	高水平	0.390	−5.646	53	0.000*
	英语母语者	0.756			
2	高水平	0.296	−4.384	53	0.000*
	英语母语者	0.700			
3	高水平	0.150	−6.578	53	0.000*
	英语母语者	0.742			
4	高水平	0.056	0.096	53	0.924
	英语母语者	0.050			

表 8 显示，英语母语者在测试点 1（0.756 或 87.8% vs 0.390 或 69.5%）、测试点 2（0.700 或 85% vs 0.296 或 64.8%）和测试点 3（0.742 或 87.1% vs 0.150 或 57.5%）的平均正确率都显著高于高水平组受试（p<0.05），表明即使是高英语水平受试，在习得"位移主体""位移路径"和"位移方式"的句法语义特征上也未能达到英语母语者的水平。然而，我们意外地发现，英语母语者和高水平受试在测试点 4 的平均正确率上没有显著差异（t＝0.096，df＝53，p＞0.05），并且两者的正确率都偏低（0.050 或 52.5% vs 0.056 或 52.8%），说明即使是英语母语者，也不一定能掌握有关英语虚拟位移"位移时间"的句法语义特征。

第五节 研究讨论

5.1 二语水平对习得英语虚拟位移构式的影响

本实证研究的第二个研究问题调查二语水平与习得英语虚拟位移构式的关系，研究发现二语水平会对英语虚拟位移构式的习得情况产生影响。一般来说，二语水平越高，习得情况越好，但仅仅体现在习得"位移主体""位移路径"和"位移方式"的句法语义特征上，在"位移时间"的语义特征习得上，高、低水平二语学习者的习得没有显著差异。

高、低水平二语学习者表现出差异是因为"非结构性的因素可能会影响母语迁移的发生。一些个体的差异，如二语水平，可以影响跨语言对比结果对母语迁移影响的发生频率"（Odlin，2001：153）。二语水平越高，母语迁移发生的频率就越低，其表现就可能越好。然而，二语水平在"位移时间"的句法语义特征的习得上并没有产生影响，主要是因为跨语言对比的结果很明显，即汉、英在虚拟位移的"位移时间"要素上表现出了完全不同的句法语义特征，这种情况下母语迁移一定会发生。（Odlin，2001：30）汉、英这种明显的不同之处超过了二语水平的影响作用，导致不管是高水平还是低水平受试，在"位移时间"的句法语义特征的习得上都表现得不好（高水平组仅有 52.8% 的正确率，低水平组也仅有 50% 的正确率）。

5.2 中国英语学习者对英语虚拟位移构式四个句法语义特征的习得特点

第一个研究问题调查的是中国英语学习者习得英语虚拟位移构式的特点，研究发现二语学习者受试在习得"位移主体"的句法语义特征时表现最好（65.85% 的平均正确率），接着是对"位移路径"句法语义特征的习得（61.15% 的平均正确率）。实际上，两者的表现并无显著差异，即受试在习得"位移主体"和"位移路径"的句法语义特征时，都表现得相对较好。这可能是因为汉、英虚拟位移在"位移主体"和"位移路径"的句法语义特征上并没有显著的差异，因此发生了正迁移，有助于中国英语学习者习得这两个句法语义特征，表现就相对较好。

受试在习得"位移方式"句法语义特征时表现得相对较差（51.7% 的平均正确率），而在习得"位移时间"句法语义特征时表现得最差（51.4% 的平均正确率），并且两者的表现并无显著差异，即受试在习得"位移方式"和"位移时间"的句法语义特征上表现得都相对较差。这是由于负迁移的影响。前面已经提到，汉、英虚拟位移的"位移时间"的句法语义特征完全不同，因此出现了负迁移，导致中国学习者在习得"位移时间"句法语义特征时表现不好。至于"位移方式"，第二节提到汉英虚拟位移都遵循"方式条件"，本应该会产生正迁移，却还是产生了负迁移。这可能是因为虽然汉语虚拟位移与英语一样也遵循"方式条件"，但两种语言有关方式信息的表征差异显著：英语虚拟位移倾向于使用大量的方式动词，但大多数方式动词却不能用在汉语虚拟位移句中，方式状语在汉语虚拟位移句中的使用也受到了一定的限制，因此，当英语虚拟位移使用的是汉语不允许使用的方式动词或方式状语时，负迁移就会产生，中国学习者习得"位移时间"句法语义特征的表现就会相对较差。

当把高水平受试和英语母语者的习得情况做对比时，我们发现，即使是高水平英语受试，在习得"位移主体""位移路径"和"位移方式"的句法语义特征上也未能达到英语母语者的水平。这可能是由以下几种原因引起的：一方面，中国英语学习者对英语虚拟位移这种特殊的结构还不够熟悉，在他们学习英语的过程中，他们很少碰到过类似的英语结构。又由于负迁移经常发生在那些在类型学上不平常的结构中（Odlin，2001：153），因此在碰到英语虚拟位移这种不平常的结构时，负迁移就会产生，导致中国学习者很难习得英语的这类结构。另一方面，这也有可能是非结构性因素，如语感和社会环境等在起作用。语感可以跟跨语言对比的结果一起影响母语迁移发生的可能性（Odlin，2001：153），因此中国学习者达不到英语母语者水平可能是因为他们在课堂学习或者课外学习中，都没有留意和意识到此类特殊的语言表达。其中不乏一些受试表现得接近母语水平，经过对这些人的简单访谈发现，这正是因为他们在课外阅读英语原著时碰到过类似的结构，并且有意识地去学习这些结构。但总体而言，大多数人都没有留意此类结构。

我们还意外地发现，即使是英语母语者，也不一定能掌握有关英语虚拟位移"位移时间"的句法语义特征。为探讨其原因，我们进一步调查了英语母语者在测试点 4 的 4 道题上的具体表现，由于只有 15 个英语母语受试，我们采取 Friedman 检验方法对数据进行了分析，结果见表 9。

表 9 测试点 4 所有测试项的 Friedman 测试结果

测试项	人数	均值	卡方值	自由度	p 值
17. The highway runs along the river for a while.	15	0.5	12.095	3	0.007 *
18. * The mountain range goes along the coast for some time.	15	−0.3			
19. The road went along the river for 5 minutes.	15	−0.167			
20. * The highway goes along the river for 3 minutes.	15	0.167			

表9显示，英语母语者在测试点4的4个句子的表现上存在显著的差异（$p<0.05$）。在测试题（17）的表现最好（0.5 或 75% 的平均正确率），接着是测试题（20）（0.167 或 58.35% 的平均正确率），而测试题（18）和（19）的平均正确率都小于0（-0.3 或 35% 和 -0.167 或 41.65%）。我们发现，测试题（17）和测试题（20）正好都是假设位移——虚拟位移的原型，而测试题（18）是视点位移，测试题（19）是现实位移。因此，英语母语者在测试题（17）和（20）表现较好是因为它们都是虚拟位移的原型——假设位移，是英语本族语者最熟悉的结构；在测试题（18）和（19）表现得较差是因为它们是虚拟位移的边缘类型。其在测试题（19）的表现比在测试题（18）的表现好是因为现实位移（测试题（19））结构上更接近真实位移，而真实位移允许移动时间量在句中表达。因此，整体而言，英语母语者在有关"位移时间"的句法语义特征的表现上相对较差。

第六节　本章小结

本章主要报告了不同水平的中国英语学习者习得英语虚拟位移构式的习得研究，并阐述了习得呈现出的特点背后的原因。研究发现：

（1）中国英语学习者按难易度顺序先后习得英语虚拟位移构式中的"位移主体""位移路径""位移方式"以及"位移时间"这四个构式建构要素的句法、语义特征。

（2）英语水平的高低在很大程度上影响了受试习得英语虚拟位移构式的情况，也即英语水平愈高，习得情况愈好。

（3）即使高水平的中国英语学习者在习得英语虚拟位移时仍存在一定困难，远未能达到母语者水平。此外，我们还意外地发现，某些英语非虚拟位移构式原型（如假设位移）对英语母语者也构成一定的挑战。结果显示，母语迁移在习得英语虚拟位移表达时发挥着重要作用。

对照束定芳（2013）、文秋芳（2013）对认知语言学实证研究方法和应用语言学研究方法的判断标准，本文研究结果丰富了虚拟位移这一认知语言学实证研究的内容,并为未来虚拟位移的实证研究提供了一定的借鉴作用,同时也对英、汉虚拟位移的教学具有一定的启示作用——二语教师应通过大量具体实例向学生讲解虚拟位移构式四个组成要素的句法、语义特征,并让学生推导出统摄所有具体实例的语法构式语义。只有掌握了这一语法构式的固有语用语义,二语学习者才能反过来诉诸识解某一具体的实例。本研究获取的实证数据证明,所有虚拟位移表达式背后均有一个无形的语法构式统摄其间。牛保义(2011:103)认为,语言学习者只有习得了语法构式之后才能真正掌握并应用某一类句式。因此,语言习得的终极目标就是习得各种各样的语法构式。

虽然本研究在一定程度上填补了中国英语学习者习得虚拟位移构式这一实证研究空白,但也存在以下不足:

(1)本实验只研究了高、低两种英语水平的中国英语学习者受试,未来研究可以增加多水平受试,采取横断研究法研究中国英语学习者习得英语虚拟位移的发展路径。

(2)本研究属于单向实证研究,未来的实证还应包括英语本族语者习得汉语虚拟位移构式的情况。

(3)本研究还缺乏进一步的定性研究,未来研究可以增加访谈,或通过有声思维的研究方法了解中国学习者在处理虚拟位移构式的思维过程。

(4)本研究是一种探索性的实证研究,更多关注二语学习者对虚拟位移构式的理解情况,未来的研究还应包括二语学习者对虚拟位移构式的产出情况。

(5)本文的研究对象仅限于延伸型虚拟位移构式这一原型,其余五种非原型虚拟位移构式可纳入未来的实证研究中。

第八章 英语母语者习得汉语虚拟位移构式实证研究

第一节 引　言

在第七章中，我们报告了中国英语学习者习得英语虚拟位移构式的情况。为了丰富虚拟位移的实证研究，我们做了反方向的习得研究，即英语母语者习得汉语虚拟位移构式的实证研究。

本章将基于第四章"英汉虚拟位移构式对比研究"的研究结果（研究结论已经在第七章进行了总结回顾，本章不再重复这部分内容），详细探讨以英语为母语的不同汉语水平者习得汉语虚拟位移的特点及潜在的困难。

第二节　研究设计

2.1　研究问题和研究假设

本研究主要调查英语母语者习得汉语虚拟位移构式的特点及潜在的困难。具体的研究问题如下：

1. 英语母语者习得汉语虚拟位移构式的特点是什么？潜在的困难是什么？

2. 汉语水平是否会影响英语母语者对汉语虚拟位移构式的习得？

如前所述，汉语虚拟位移构式包括四个句法语义特征，分别是位移主体、位移路径、位移方式和位移距离，因此上述研究问题可以进一步表述为：英语母语者习得汉语虚拟位移构式中的位移主体、位移路径、位移方式和位移距离的特点是什么？具体的困难主要出现在哪个语义特征上？

根据英、汉虚拟位移构式的句法语义特征对比研究及母语迁移理论，对以上两个问题提出如下假设：

假设1：英语母语者对于汉语虚拟位移构式的习得遵循一定的习得顺序：位移主体＞位移路径＞位移方式＞位移距离（＞表示"易于习得"）。

假设2：英语母语者的汉语水平高低对习得汉语虚拟位移构式具有一定的因果关系：汉语水平越高，习得汉语虚拟位移构式情况越好；英语母语者对汉语虚拟位移构式的理解好于对虚拟位移构式的产出。

2.2 实验受试

实验共包括60名学习汉语的英语母语者和30名汉语母语者。60名英语母语者分别来自中国南方三所大学汉语言专业学生，其中30名是中国南方某985高校国际学院汉语言专业留学生，15名是中国南方另一所某985高校国际学院汉语言专业留学生，另有15名是某外国语大学国际学院汉语言专业留学生。前30名英语母语者皆通过了汉语水平考试，获得5级证书，代表汉语高水平组；后30名受试通过4级汉语水平考试，代表低水平组。作为对照组的30名汉语母语者来自中国南方某985高校大一学生。

2.3　实验过程和测量工具

高低水平组和对照组分别在规定时间内完成句子语义可接受程度判断题和英译汉翻译题。句子语义可接受程度判断题主要测试英语母语者对汉语虚拟位移构式的理解情况，分别包括位移主体、位移路径、位移方式和位移距离四个测试点。

测试点 1：位移主体。主要测试英语母语者是否了解汉语虚拟位移构式中位移主体必须同时具备［－生命性］、［－位移性］、［＋长方形］、［＋空间延展性］的语义特征，或者同时具备［－生命性］、［－位移性］、［＋连贯性］的语义特征。例如：

（1）公路穿过村中央。

（2）＊呼啦圈沿着操场延伸。

测试点 2：位移路径。测试英语母语者是否了解汉语虚拟位移构式中的路径信息不可缺省，必须凸显。例如：

（3）铁轨伸向丘陵深处。

（4）＊乡村公路伸向大山深处。

测试点 3：位移方式。测试英语母语者是否了解汉语虚拟位移构式中方式信息必须隐藏（除非其同时用来表达路径信息）。例如：

（5）狭窄的小径缓慢地向上攀升。

（6）＊这条公路急促地伸向丛林里。

测试点 4：位移距离。测试英语母语者是否了解汉语虚拟位移构式中位移距离的表达特征，即汉语主观性虚拟位移不允许添加位移距离的信息；原型性虚拟位移允许添加位移距离的信息，但仅允许添加模糊的位移距离信息；准真实虚拟位移表达不仅可以添加位移距离信息的表达，且可添加精确的位移距离表达。例如：

（7）公园向西延伸了 56 公里。

（8）＊绿洲向沙漠延伸了好几年。

句子语义可接受程度判断题每项语义特征包括6道题,正确和错误的分别为3道,测试题主要来源"北京大学CCL语料库"。考虑到受试的汉语水平,替换了句中较难的词语,对句子做了一定的调整。同时,为保证测试的有效性,测试题收录了同等数量的干扰项,正确错误各占一半。测试题共有两个版本。版本一的测试说明为英语,用于英语母语者;版本二的测试说明为中文,用于对照组汉语母语者。受试的任务基于里克特五点量表,分别有完全不接受、不接受、不确定、接受和完全接受五种选择,判断句子合乎语法语义的程度。

英译汉翻译题主要考察英语母语者对汉语虚拟位移构式的产出情况。翻译题同样包括位移主体、位移路径、位移方式和位移距离四个测试点。为保证翻译的效率,对句中的名词或名词词组均提供了相对应的中文翻译。如:

(9) The Great Wall goes along the mountain(高山).
译文:长城_____。

2.4 数据分析

句子语义可接受程度判断题五个不同的接受程度分别对应1—5分。如句子正确,受试选择完全接受则得5分,接受则为4分,不确定为3分,不接受为2分,完全不接受为1分。如句子错误,受试选择完全接受则得1分,接受则为2分,不确定为3分,不接受为4分,完全不接受为5分。因此每个测试点为30分,24道测试题总分为120分。翻译题每个测试点包括4个英译汉句子共16个句子,每题3分,总分48分。所得数据用Microsoft Excel进行记录,并用SPSS 16.0进行统计分析。

第三节 研究结果

为了确保测试卷的信度,我们用Cronbach's Alpha系数对数据进行了信度分析。测量结果显示Cronbach's Alpha系数值为0.76,说明测试卷内在一致性较好,达到了可接受的信度水平。同时为确保数据的有效性,研究采用配对样本 t 检验分别比较了高水平组和低水平组在测试项和干扰项的表现。干扰项为大多数人非常熟悉的真实位移构式,与虚拟位移构式相比,受试应该在干扰项表现更好,否则数据的有效性值得质疑。测试结果见表1:

表1 高低水平组在测试项和干扰项的配对样本 t 检验结果表

二语水平	测试项		干扰项		t 值	自由度	p 值
	均值	标准差	均值	标准差			
高	90.87	1.008	102.33	1.249	−33.250	29	0.000
低	82.00	1.259	90.70	0.877	−30.606	29	0.000

表1显示无论是低水平组还是高水平组,干扰项的均值都高于测试项的均值,且 $p<0.05$,说明这一差异具有显著性,一定程度上表明数据有效。

为了解汉语水平是否会影响英语母语者对汉语虚拟位移构式的习得情况,我们对高、低水平组的测试题总分采用独立样本 t 检验,结果见表2:

表2 高低水平组总分独立样本 t 检验结果表

二语水平	均值	t 值	自由度	p 值
高	90.867	30.105	58	0.000
低	82.000			

表2显示 $p<0.05$ 说明二者具有显著差异,且从均值来看,高水平组平均分明显高于低水平组,说明高水平组习得汉语虚拟位移构式情况好于低水平组。这也证实了研究假设在产出方面英语母语者汉语水平的高低对习得汉语虚拟位移构式具有一定的因果关系,汉语水平越高,习得情况越好。为进一步了解二语水平在各个测试点的差异,我们分别对高低水平组的每个测试点数据进行了独立样本 t 检验,结果见表3:

表 3 高低水平组四个测试项独立样本 t 检验结果表

测试点	二语水平	均值	t 值	自由度	p 值
1	高	26.367	16.742	58	0.000
	低	23.567			
2	高	22.033	12.308	58	0.000
	低	19.700			
3	高	24.100	20.413	58	0.000
	低	20.567			
4	高	18.367	1.768	58	0.082
	低	18.167			

表 3 显示，二语水平在前三个测试点，即位移主体、位移路径和位移方式都存在显著差异，并且从均值来看，高低水平组在各个测试点情况为：测试点 1＞测试点 3＞测试点 2，说明高低水平组在习得汉语虚拟位移构式的位移主体和位移方式这两个语义特征易于对位移路径的习得。同时高水平组在前三个测试点的均值都高于低水平组，说明高水平组对位移主体、位移路径、位移方式的习得情况好于低水平组，也再次说明了二语水平越高，习得汉语虚拟位移情况越好。而测试点 4 即位移距离数据结果显示 p＞0.05，这表明高低水平组在位移距离这一语义特征的习得没有显著差异。

为便于了解高水平组和低水平组在四个测试点的习得情况，我们对高、低水平组各个测试点的数据分别采用了单因素方差分析和事后多重比较分析，结果如表 4：

表 4 高水平组单因素方差检验结果表

	平方和	自由度	均方	F 值	p 值
组间	1038.767	3	346.256	921.230	0.000
组内	43.600	116	0.376		
总数	1082.367	116			

高水平组结果为 F（3，116）= 921.230，p＜0.05，说明高水平组在各个测试点之间存在显著差异，具体差异见表5：

表5　高水平组事后多重比较检验结果表（Scheffe）

测试项		标准误	p值
1	2	0.158	0.000
	3	0.158	0.000
	4	0.158	0.000
2	1	0.158	0.000
	3	0.158	0.000
	4	0.158	0.000
3	1	0.158	0.000
	2	0.158	0.000
	4	0.158	0.000
4	1	0.158	0.000
	2	0.158	0.000
	3	0.158	0.000

从表5的结果来看，高水平组在测试点1、测试点2、测试点3和测试点4都存在显著差异。同时，低水平组单因素方差分析结果见表6：

表6　低水平组单因素方差检验结果表

	平方和	自由度	均方	F值	p值
组间	464.800	3	154.933	365.290	0.000
组内	49.200	116	0.424		
总数	514.000	116			

低水平组 F（3，116）= 365.290，p＜0.05，说明低水平在各个测试点之间存在显著差异，具体差异见表7：

表7 低水平组事后多重比较检验结果表（Scheffe）

测试项		标准误	p值
1	2	0.168	0.000
	3	0.168	0.000
	4	0.168	0.000
2	1	0.168	0.000
	3	0.168	0.000
	4	0.168	0.000
3	1	0.168	0.000
	2	0.168	0.000
	4	0.168	0.000
4	1	0.168	0.000
	2	0.168	0.000
	3	0.168	0.000

从表7检验结果来看，低水平组在测试点1、测试点2、测试点3和测试点4都存在显著差异。

为进一步探讨英语母语者习得汉语虚拟位移构式中四个句法语义特征的习得特点和潜在的困难，我们将高水平汉语学习者和汉语母语者的数据进行分析，两者在各个测试点的独立样本t检验的结果见表8：

表8 高水平组与汉语母语者四个测试项独立样本t检验结果表

测试点	二语水平	均值	t值	自由度	p值
1	汉语母语者	26.500	0.737	58	0.464
	高水平汉语学习者	26.367			
2	汉语母语者	28.000	22.033	58	0.000
	高水平汉语学习者	22.033			
3	汉语母语者	24.833	3.470	58	0.001
	高水平汉语学习者	24.100			
4	汉语母语者	23.000	−12.129	58	0.000
	高水平汉语学习者	18.367			

表 8 显示，高水平汉语学习者在测试点位移路径、位移方式和位移距离上的 p 值均小于 0.05，表明其与汉语母语者在这三个语义特征的习得上存在显著差异，且从均值来看，汉语母语者习得情况好于高水平汉语学习者。数据说明即使是高水平汉语学习者在习得位移路径、位移方式和位移距离这三个句法语义特征上也未能达到汉语母语者的水平。高水平汉语学习者和汉语母语者在位移主体这个测试点 $p>0.05$，说明二者没有显著差异，即高水平汉语学习者在汉语虚拟位移位移主体的习得上能够达到汉语母语者的水平。基于这一特殊现象，我们对汉语母语者在各个测试点的数据进行了单因素方差分析，结果见表 9：

表 9　汉语母语者单因素方差检验结果表

	平方和	自由度	均方	F 值	p 值
组间	417.500	3	139.167	72.176	0.000
组内	223.667	116	1.928		
总数	641.167	119			

汉语母语者结果为 $F(3, 116) = 72.176$，$p<0.05$，说明汉语母语者在各个测试点之间的表现存在显著差异，具体差异见表 10：

表 10　汉语母语者事后多重比较检验结果表（Scheffe）

测试项		标准误	p 值
1	2	0.359	0.001
	3	0.359	0.000
	4	0.359	0.000
2	1	0.359	0.001
	3	0.359	0.000
	4	0.359	0.000
3	1	0.359	0.000
	2	0.359	0.000
	4	0.359	0.000

续表

测试项		标准误	p 值
4	1	0.359	0.000
	2	0.359	0.000
	3	0.359	0.000

从表 10 检验结果来看，汉语母语者在测试点 1、测试点 2、测试点 3 和测试点 4 都存在显著差异。而从表 11 描述统计表来看，均值大小排序为测试点 2＞测试点 1＞测试点 3＞测试点 4，即汉语母语者在四个语义特征的习得情况依次为位移路径＞位移主体＞位移方式＞位移距离（＞表示"易于习得"）。不同于英语母语者位移主体＞位移方式＞位移路径＞位移距离的习得顺序，汉语母语者在位移主体及位移方式上的习得较为特殊。

表 11　汉语母语者描述统计表

测试点	均值	标准差	人数
1	26.5000	0.82001	30
2	28.0000	1.38962	30
3	24.8333	0.98553	30
4	23.0000	2.03419	30
总	25.5833	2.32120	30

英语母语者在翻译题部分由于受书写能力及汉语水平的限制，部分受试特别是低水平组未能完成任务。从总体翻译结果来看，数据难以收集，因此我们仅从受试翻译总体主观分析英语母语者对汉语虚拟位移的产出情况。从结果来看，受试在位移路径即路径动词的翻译上存在一定困难，例如：

(10) Rows of birches pass by the highway.

正确译文：成排成排的白桦树穿过高速公路。

受试译文：成排成排的白桦树沿着高速公路。

例（10）中的"pass by"应该翻译为"穿过"或者"通过"等蕴

含路径信息的路径动词，而受试没有翻译正确，直接翻译为"沿着"。同样的情况还出现在例（11）的翻译上：

(11) The path climbed to the top of the hill.

正确译文：小径爬上山顶。

受试译文：小径向上去山顶。

同样，动词短语"climbed to"应该翻译为表蕴含路径信息的路径动词"爬上"，而受试并没有正确翻译。除此之外，受试在距离的翻译上也存在困难，多表现在无法正确安排句中的距离信息，如：

(12) The path runs along 26 miles of the river.

正确译文：小径沿河流延伸26英里。

受试译文：小径顺河流的26英里长度。

受试在翻译含有位移距离信息的句子时往往难以正确安排位移距离应出现的位置，从而导致直接翻译句子的单词意义。总体来说，英语母语者在习得汉语虚拟位移构式时的理解情况明显好于产出情况。

第四节　研究讨论

本研究主要调查英语母语者在习得汉语虚拟位移构式时的特点及潜在的困难。研究发现英语母语者习得位移主体语义特征情况最好，接下来依次为位移方式、位移路径和位移距离。

4.1　英语母语者习得汉语虚拟位移构式四个句法语义特征的特点

4.1.1　位移主体的习得特点

在第四章中，我们提到英汉虚拟位移构式在位移主体的特征上并无显著差异。英汉虚拟位移构式对于位移主体的语义特征要求有两种：同时具备［－生命性］、［－位移性］、［＋长方形］、［＋空间延展性］的语义特征，或者同时具备［－生命性］、［－位移性］、［＋连贯性］的语义特征。因此，英语母语者在习得位移主体这一方面表现最好（高水平组平均分为 26.367，低水平组平均分为 23.567）。引人注意的是，在位移主体的习得上，高水平的英语母语者能够达到汉语母语者的水平。英语母语者在习得位移主体过程中因两种语言相似的要求而产生了正迁移，促进了英语母语者更好习得该语义特征。与汉语学习者情况不同，汉语母语者在位移主体这一语义特征的习得上并非最好，从上文中的表 11 中的均值情况来看位移主体（26.5）＜位移路径（28.0）。并且高水平组的英语母语者与汉语母语者在位移主体习得情况上并没有显著差异（$p<0.05$）。

汉语母语者在位移主体这一语义特征的习得上并非最好，究其原因是汉语母语者由于受传统修辞教学的误导，很多不能作为虚拟位移主体的位移主体，汉语母语者觉得可以视为有生命的主体，即拟人化（personified）或比喻（metaphor），汉语母语者在处理位移主体的过程中存在过度拟人化的现象。曹晓斌、汪国胜（2007）认为传统的修辞教学中，在教学内容存在三点问题：第一，缺乏广度，学生只了解一定的与考试相关的辞格；第二，缺乏深度，中学语文里，修辞教学往往仅限于一般现象的说明，很少涉及作为一种表达手段的丰富内涵；第三，缺乏对运用因素的分析。中学的语文课堂，对于辞格等内容的教学，往往只是从形式特点上加以说明，让学生能够识别，至于如何有效地运用这些辞格，则注意得不够。而在教学方法上，传统修辞教学偏重知识介绍，忽视能力培养；偏重静态说明，忽视动态分析；偏重单项训练，忽视综合运用。正是在这种教学环境下，汉语母语者才出现了对于虚拟位移构式中位移主体的过度拟人化现象。

1980 年，Lakoff & Johnson 在 *Metaphors We Live By* 一书中，开创性地提出了概念隐喻这一重要概念，并从根本上改变了人们对隐喻的认识，认为隐喻不仅仅是一种修辞手段，还是一种思维方式，人的思维在本质上是隐喻的。他们进而把概念隐喻分为三类：本体隐喻、结构隐喻和方位隐喻，并认为拟人是概念隐喻中的本体隐喻的重要类型。其建构以身体体验为基础，是源域的部分特征向目的域（人）的映射，而这种映射的基础是身体相似性（experiential similarity）。拟人概念隐喻在语言中的词汇、句子、语篇层面都有表现。传统修辞教学应注重学生思维方式的培养，在广度、深度上都应有待拓展，使得学生形成较为全面正确的修辞观，从而避免类似虚拟位移构式的位移主体习得的过度拟人化的现象。

4.1.2 位移方式的习得特点

英、汉虚拟位移在位移方式上都遵循了"方式条件"，即方式信息必须隐藏，除非句中的方式信息同时也表征相关的路径信息。但是有别于英语中路径动词蕴含方式信息的情况，方式副词"径直"和"笔直"等词语多出现在虚拟位移构式中，它们所提供的方式信息可以投射到静态空间中去，表达位移主体的形状特点，从而达到表达相关的路径信息的效果。在这点上英语多为路径动词enter，descend等来满足"方式条件"，即同时蕴含了路径信息和方式信息以此来保证句子合乎语法语义的要求。正是因为英、汉两种语言在位移方式上的些许差异，从而使得英语母语者在习得位移方式上产生负迁移，影响对汉语虚拟位移的习得情况。与英语母语者不同，汉语母语者在位移方式的习得情况在所有四个语义特征中排在第三位，得分仅仅高于位移距离。通过事后访谈，我们得知汉语母语者出现了同习得位移主体同样的问题，即把错误的虚拟位移表达当作拟人手段。受试认为测试句中的"缓慢地""迅猛地"等修饰语是拟人修辞的明显标记词，从而影响正确的判断，同样出现了过度拟人化的现象。

4.1.3 位移路径的习得特点

在位移路径的语义特征习得上，英语母语者表现普遍不理想。英、汉虚拟位移均遵循"路径条件"，即路径信息必须凸显。英语虚拟位移表达中通过方式动词加介词或者直接使用路径动词来凸显路径信息；而汉语虚拟位移表达中多使用路径动词，尽量抑制方式动词的使用。而汉语相关的可以在虚拟位移表达中使用的路径动词相对较少，且汉语存在一词在多语境中使用的情况，如"穿过"可以用在"穿过人行横道"一句中，同时也可以用在"穿过村庄"一句中，这使得英语母语者在习得这些路径动词较为困难，这点在翻译任务中体现得较为明显。通过事后采访我们发现，即使是高水平的英语母语者，在习得路径动词方面，主要是习得该动词的日常用法，汉语虚拟位移中路径动词使用较为稀少。这也是英语母语者在习得位移路径表现不佳的原因之一。

4.1.4 位移距离的习得特点

相较位移主体、位移方式和位移路径，英语母语者对位移距离的习得情况表现最为糟糕，且高水平组和低水平组之间并没有显著差异（$p>0.05$）。

二语习得过程研究中从输入到输出的几个重要模式如 Bialystok（1978）的策略模式，由三个步骤、四种策略组成，其中习得过程的三个步骤分别是输入、知识和输出；Gass（1988）的二语习得一体化观点认为，二语习得的过程被分为五个步骤，即感知的输入、理解的输入、吸收、融合和输出。在接触语言输入时，学习者首先感知输入，即将注意到的材料有选择地与过去的经验相关联，在此基础上语言输入被理解，然后经过分析再转化为吸收；Van Patten 的二语习得过程模式认为，二语习得过程被分为四个步骤：输入、吸收、发展的系统和输出，包含三个心理加工过程：输入加工、系统变化和输出加工，而且每个加工过程又包括一些重要的心理机制。由此可见，在二语习得过程中，输入是首先的必要条件，没有输入，则语言习得无从谈起。

英语母语者的低水平组和高水平组，在"位移距离"这个测试点的得分上没有显著差异。究其原因是两种语言的不同特性。英语趋向时间的表达，而汉语则倾向距离的表达，这完全印证了王文斌（2013a，2013b）、何清强、王文斌（2015）关于英、汉语言本质特征的判断：英语结构就本质而言具有时间特质，而汉语结构则基本上具有空间特质。正是因为英语重时间性而汉语重空间性，才产生了英汉虚拟位移在位移时间和位移距离上表达的不同。在英语虚拟位移句中，时间的表达远远多于距离的表达；与之相对的汉语则是在距离的表达上更为频繁。正是因为英汉两种语言的不同特性，使得英语虚拟位移表达中有关距离的表达少之又少，英语母语者在虚拟位移距离表达这一块的输入几乎为零，从而导致在习得汉语虚拟位移构式位移距离这个语义特征时表现最为糟糕。这点在翻译任务中也得到了印证，受试在翻译位移距离相关的句子时难以正确安排位移距离在句子中的位置。英语母语者在习得汉语虚拟位移位移距离的表现说明"英语结构就本质而言具有时间特质，而汉语结构则基本上具有空间特质"是一种思维方式，即不同的民族思维方式在输入不足的情况下难以习得，尤其是像虚拟位移这样独特的语言表达式。由此可见，无论是对位移距离的理解还是对位移距离的产出，英语母语者都存在很大的困难，并且即使是高水平组的英语母语者，习得汉语虚拟位移的情况与汉语母语者也存在很大差距。

4.2 二语水平对习得汉语虚拟位移构式的影响

本研究发现英语母语者的二语水平对汉语虚拟位移构式的习得情况具有决定性的影响，具体而言，二语水平越高，对汉语虚拟位移构式的习得情况越好。在对汉语虚拟位移构式的理解方面，高水平组在位移主体、位移方式、位移路径这三个语义特征的平均分都高于低水平组。在汉语虚拟位移构式产出方面，高水平组的表现也明显好于低水平组，具体表现为低水平组大部分人由于汉语水平较低以及书写能力差的原因难以完成全部测试任务。这也证实了研究假设2，即英语母语者的汉语水平对习得汉语虚拟位移构式具有明显的因果关系：汉语水平越高，习得情况越好，并且英语母语者对汉语虚拟位移构式的理解好于对虚拟位移构式的产出。

第五节 本章小结

本章主要调查了英语母语者习得汉语虚拟位移构式的特点及潜在的

困难，同时分析了习得特点及困难背后的原因。研究发现：

1）英语母语者习得汉语虚拟位移构式的顺序依次为：位移主体、位移方式、位移路径、位移距离；其中高水平英语母语者对位移主体的习得能够达到汉语母语者的水平；而位移距离由于两种语言的不同特征而产生的不同思维方式，位移距离在输入不足的情况下难以习得，且高、低水平组之间无显著差异。

2）汉语水平的高低对习得虚拟位移构式具有决定性影响，即汉语水平越高，习得汉语虚拟位移构式情况越好，并且英语母语者对虚拟位移构式的理解明显好于其产出。

3）即使高水平的英语母语者，习得虚拟位移构式仍有一定的困难。同时我们发现，不同于英语母语者的习得顺序，汉语母语者在虚拟位移的习得顺序为位移路径、位移主体、位移方式和位移距离。其原因主要是汉语母语者在习得位移主体和位移方式过程中存在过度拟人化的现象，从而导致错误判断。

本章研究丰富了虚拟位移构式实证研究的内容，并对未来虚拟位移构式的其他实证研究提供一定的借鉴作用，同时对于面向国际留学生的汉语虚拟位移构式教学具有启示作用。明确英语母语者对于汉语虚拟位移四个语义要素的习得特点及背后可能存在的原因，对教师来说有利于出台更具有针对性的教学方法，而对于学习者而言，对于今后的学习更具有指导性意义。

虽然本研究在一定程度上填补了英语母语者习得汉语虚拟位移构式的这一实证研究的空白，但也存在以下不足：

1）本研究参与的受试汉语水平分为高、低水平组，未来的研究建议分为高、中、低三个水平组。

2）英语母语者，尤其是低水平组的英语母语者，在翻译这一测试任务上由于受汉语水平以及书写能力的制约，未能全部完成任务，造成了数据采集的困难，未来的研究可以考虑选取更高的汉语水平组。同时考虑到英语母语者在汉语写作方面多为键盘输入型，未来的研究可以引入电脑答题，以便更好、更有效地采集受试的测试相关数据。

3）本文的研究对象仅限于延伸型虚拟位移构式，研究结果也仅限于延伸型虚拟位移构式的习得情况，因此未来的研究可以扩展至其他五种虚拟位移构式。

第九章 结 论

第一节 引 言

本书研究的语言现象是虚拟位移（fictive motion）表达。虚拟位移指使用运动动词描述静止物体的空间关系，是英、汉语言中习焉不察的语言现象，如：

(1) The highway runs through the valley.（Matlock，2001：2）

(2) 茶峒地方凭山筑城，近山一面，城墙俨然如一条长蛇，缘山爬去。（沈从文《边城》）

在上述例句中，固定性很强的静止物体（"highway"和"城墙"）发生了"位移"（motion），传统语法学家一直把它们当作比喻或拟人等修辞手段进行研究。（Booth，1983；袁晖、宗廷虎，1995）然而，不少认知语言学研究者（Talmy，1975，1983，1996，2000a，2000b；Lakoff & Johnson，1980；Fillmore，1985；Langacker，1987a，1987b；Takahashi，2001；崔希亮，2011；范娜，2014a，2004b；李秋杨，2014；钟书能、黄瑞芳，2015a，2015b；钟书能、傅舒雅，2016；黄瑞芳，2016；傅舒雅，2017；赵佳慧，2017；汪燕迪，2017；钟书能、赵佳慧，2017；钟书能、刘爽，2017）却认为上述例（1）和例（2）表达的是一种特殊空间位移事件。根据 Talmy（2000b）的位移事件框架理论，一个移动事件通常涉及四个建构要素：位移主体（F）、位移行为（M）、位移路径（P）以及位移时间（T）等。例如：

(3) The bottle [F] floated [M] out of [P] the cave in 15 minutes [T].（正在移动的位移事件）

(4) The pencil [F] lay [M] on [P] the table for several days [T].（静止不动的位移事件）

Talmy（2000a）根据位移路径的特点把虚拟位移分为六大类：发射位移路径（emanation paths）虚拟位移、模式位移路径（pattern paths）虚拟位移、相对框架运动（frame-relative motion）虚拟位移、出现位移路径（advent paths）虚拟位移、通达位移路径（access paths）虚拟位移和延伸/覆盖位移路径（coextension/coverage paths）虚拟位移。其中，"延伸位移路径虚拟位移"是国内外学者们最为关心的虚拟位移原型。（Matsumoto，1996a；Rojo & Valenzuela，2003；铃木裕文，2005；Matlock 2001，2004a，2004b，2006，2010；Matlock & Richardson，2004；Richardson & Matlock，2007；范娜，2011，2012；李秋杨，2014；杨静，2013）本研究主要聚焦"延伸路径虚拟位移"这一原型。

根据位移主体与位移行为的主观性程度，我们借鉴 Matsumoto（1996b：360）对延伸路径虚拟位移的分类，将延伸路径虚拟位移进一步分为主观性虚拟位移、原型性虚拟位移和准真实虚拟位移，对应 Matsumoto（1996b）的视点位移、假设位移和现实位移。如：

(5) The mountain range goes from Canada to Mexico.（主观性虚拟位移）.

(6) The highway enters California there.（原型性虚拟位移）

(7) The road went up the hill (as we proceeded).（准真实虚拟位移）

(Matsumoto，1996a：360)

主观性虚拟位移是一种高度纯粹的主观位移，位移主体一般是不可通行（untravellable）的实体，一般通过视点对概念主体进行心理扫描，如例（5），车不能在山脉上通行，只能是人的视线进行主观的心理扫描，呈现位移的状态。原型性虚拟位移是虚拟位移中的原型，是任意主体在任意时间内的位移。位移主体是可通行的实体，如例（6），车可以在公路上通行。准真实虚拟位移表达的是一个特定的移动主体在特定时间内的位移，介于真实位移与虚拟位移之间，如例（7）。

基于认知语言学中的构式语法理论，本书分了理论篇、翻译篇和实证篇，在探讨了虚拟位移构式的定义和分类，虚拟位移构式背后的认知机制、真实位移和虚拟位移各特征要素的异同点，英汉虚拟位移构式位移主体、路径、方式和时间/距离语义特征的异同点的基础上，在翻译篇通过两个章节详细研究了英语虚拟位移构式汉译和汉语虚拟位移构式英译的技巧，并在实证篇进一步研究中国英语学习者习得英语虚拟位移构式以及外国汉语学习者习得汉语虚拟位移构式表达的特征及潜在的困难，从而提出具有针对性的教学方法，使二语学习者更有效地习得英、汉虚拟位移构式，正确地翻译虚拟位移构式，解决二语学习者在学习中的一大难点。

第二节　研究结论

本书的研究结论主要包括三大块：英汉虚拟位移构式对比研究的结论、英汉虚拟位移构式翻译研究的结论和英汉虚拟位移构式习得研究的结论，具体总结如下：

2.1　英汉虚拟位移构式对比研究的结论

基于位移事件框架理论，我们在第四章对比分析了英汉虚拟位移构式在位移主体、位移路径、位移方式和位移时间/距离四大语义要素的相同点和不同点，研究发现：

1) 英汉虚拟位移构式位移主体的特征并无明显的差异，位移主体只要同时具备[－生命性]、[－位移性]、[＋长方形]、[＋空间延展性]语义特征，或者同时具备[－生命性]、[－位移性]、[＋连贯性]语义特征，都可以充当英语和汉语的虚拟位移主体。

2）英汉虚拟位移构式的路径信息都遵循"路径条件"，即路径信息必须显性被蕴含在虚拟位移构式中，否则不能构成虚拟位移表达式。但在具体的表征上，存在一些差异，即英汉虚拟位移的路径信息都可以体现在"路径动词"和"介词"上，但汉语虚拟位移的路径信息还可以体现在汉语特有的"方向动词"（如来、去、向等）。

3）英汉虚拟位移构式在方式信息上都遵循"方式条件"，即禁止方式信息编码在虚拟位移表达中，除非其同时用来表征相关的路径信息。但方式信息在句法上的表征却存在差异。英语虚拟位移倾向于使用大量的方式动词，但大多数方式动词却不能用在汉语虚拟位移构式中。此外，在汉语虚拟位移构式中，方式状语的使用也受到一定的限制，只有诸如"缓缓地""笔直地""一直""径直"等方式副词能用在汉语虚拟位移表达中。

4）在真实位移中，英汉语言在时间和距离上的表达并无明显差异。然而，在虚拟位移中却存在着较大的差异。英语虚拟位移结构趋向时间的表达，汉语则倾向距离的表达。而且不同类型的虚拟位移构式对时间/距离语义要素的限制不同：主观性虚拟位移不允许添加移动时间/距离；原型性虚拟位移允许添加模糊的移动时间/距离，但不允许添加具体的、精确的时间/距离；准真实虚拟位移不仅允许添加时间/距离，而且还可添加精确的时间/距离。这是由于主观性虚拟位移、原型性虚拟位移、准真实虚拟位移的主观性程度构成一个连续统，其主观性程度递减。而主观性越强，时间性就越低，对移动时间/距离描述的详略度程度就越低。因此主观性虚拟位移不允许添加时间/距离的表达。原型性虚拟位移允许添加时间/距离的表达，但只允许添加模糊时间/距离的表达，而不能添加精确时间/距离的表达。准真实位移不仅允许添加时间/距离的表达，还可以添加精确的时间/距离表达。

2.2 英汉虚拟位移构式翻译研究的结论

2.2.1 英语虚拟位移构式的汉译技巧

通过自建小型语料库，我们在第五章中分别探讨了英语虚拟位移构式位移主体、位移行为、位移路径、位移方式以及位移时间量和距离量的汉译技巧。研究发现：

1）翻译英语虚拟位移构式的位移主体时，主要涉及直译法和意译法这两种方法。使用直译法可以处理大部分词汇对应转换的问题，最终的结果是英语虚拟位移句对应译为汉语虚拟位移句。但也可以采用意译法，英语虚拟位移句转换为汉语静态描写句或将英语静态描写句转换为汉语虚拟位移句。我们认为，静态场景与动态场景在语言结构中的调整并不意味着不忠实于原文，而是为了更好地体现认知主体的主观性这一心理认知活动，是一种更高层次上的忠实。

2）在英语虚拟位移构式中，位移动词常常呈现的时态为一般现在时和一般过去时，在汉译过程中，大部分情况都会省略时间信息，而将其直接转换为一般现在时进行翻译。

3）英语虚拟位移路径的汉译主要有三种技巧。第一，如果英语虚拟位移路径信息表征的方式为"方式动词＋介词"，那么翻译时可以将其转换为汉语的三种方式："方式动词＋趋向动词""路径动词"和"方式动词＋状语"的形式，其中最常见的是翻译为"方式动词＋趋向动词"的形式。第二，如果路径信息表征的方式为"路径动词"，通常直译为汉语的"路径动词"。第三，如果英语路径信息表征的方式为"方式动词＋状语"，那么汉译时可以直译为"方式动词＋状语"的结构，有时候也可以用"方式动词＋介词"的结构进行处理。

4）在处理英汉虚拟位移方式时，如果仍然对应翻译为虚拟位移构式，译文必须遵循"方式条件"，否则译文表达不正确。此外，由于汉语的下义范畴词没有英语那么丰富，或者说汉语的方式动词没有英语的方式动词那么丰富，在翻译英语虚拟位移方式动词时，如果能找到对应的汉语方式动词，则可直接采用直译法，但如果找不到对应的汉语方式动词，则可以采用汉语常用的方式表征结构"位移动词＋状语"的形式进行处理。特别需要指出的是，由于存在同一个汉语的方式动词对应多个英语表达的情况，选择用哪一个英语表达进行翻译，可以根据原文各语义要素的位置、译文表达的需要和位移主体的具体位置进行综合性的选择。关键是要使译文遵循"方式条件"，并符合译入语的表达习惯。

5) 在翻译英语和汉语原型性虚拟位移的模糊时间量和模糊距离信息时，不能采用直译法，而应将英语模糊时间表达转换为汉语的模糊距离表达，将汉语的模糊距离信息表达转换为英语的模糊时间表达，以符合英汉虚拟位移构式对时间量和距离量表达的语义限制；而在翻译英语和汉语准真实位移的模糊时间或模糊距离信息时，如果能找到一个对应的汉语或英语单词能同时表达时间性的特征和空间性的特征，则可以采取直译法。在翻译英汉语准真实位移的具体时间或具体距离信息时，由于很难将其转换为对应的距离和对应的时间表达，并且为了保留原文的时间和距离信息，我们建议直接将英语和汉语的准真实位移转换为真实位移。这是由于在真实位移中，时间和距离的表达不再受限制，这时就可以将时间或距离信息直译。

2.2.2 汉语虚拟位移构式的英译技巧

基于自建小型语料库，我们在第六章探讨了汉语虚拟位移构式位移主体和参照框架、位移行为、位移路径、位移方式以及位移时间量和距离量的英译技巧。研究发现：

1) 在汉语虚拟位移语言结构的建构过程中，时空方位的变化是其一独特的特征。认知主体随着时间的推移以及视角的变化，对观察的事物也会产生不同的认知。因此，汉语虚拟位移主体的汉译技巧涉及拓扑空间方位的英译、投影空间方位的英译以及"语言事件"空间方位的英译这三种翻译技巧。除考虑词汇对应之外，还需考虑位移主体所在的拓扑空间、投影空间以及"语言事件"空间。因此，汉语虚拟位移主体的英译更多采用［直译＋意译］的综合技巧。

2）位移行为在虚拟位移语言中表征为句子的谓语动词，涉及时与体两个方面，同时也涉及词法与句法。汉语虚拟位移行为的英译，有多种不同的技巧。处理汉语常见体助词"着"的两种方式：（1）翻译为英语的分词形式表示动作的持续；（2）直接对译为英语的进行时态以延续动作的持续性。处理汉语常见时态标记词"了"时，则可以根据句子的语境，翻译为以下几种时态：（1）直接对译为完成体，可以根据句子语境翻译为现在完成体或过去完成体；（2）忽略时体标记，重点突出事物的特征，将其翻译为一般现在时；（3）忽略时体标记，重点突出事物的特征，本来可以将其翻译为一般现在时，但由于句子整体的发生状态就是过去，因此将其翻译为一般过去时；（4）由于翻译时结构处理的需要，将汉语的主要动词＋时态标记词"了"处理为英语的伴随形式，用分词的形式表达出来。虚拟位移行为动词的翻译技巧研究还可以从词法和句法两方面进行。在词法上，可以采取具体法、增词法、减词法、合词法和词性转换法等微观翻译技巧；在句法上，则可以采取语序调整、句子结构解构与重构、抽译、合句法、主动与被动转换法等宏观翻译技巧。

3）针对汉语虚拟位移路径的英译，本章主要根据 Talmy（2000b）对虚拟位移的分类，分别对发射路径型虚拟位移、模式路径型虚拟位移、相对框架运动虚拟位移、出现路径虚拟位移、通达路径虚拟位移和延伸路径虚拟位移这六大类虚拟位移构式路径信息的英语进行直译或意译。

4）在处理英汉虚拟位移方式时，如果仍然对应翻译为虚拟位移构式，译文必须遵循"方式条件"，否则译文表达不正确。此外，由于汉语的下义范畴词没有英语那么丰富，或者说汉语的方式动词没有英语的方式动词那么丰富，在翻译英语虚拟位移方式动词时，如果能找到对应的汉语方式动词，则可直接采用直译法，但如果找不到对应的汉语方式动词，则可以采用汉语常用的方式表征结构"位移动词＋状语"的形式进行处理。特别需要指出的是，由于存在同一个汉语的方式动词对应多个英语表达的情况，选择用哪一个英语表达进行翻译，可以根据原文各语义要素的位置、译文表达的需要和位移主体的具体位置进行综合性的选择。关键是要使译文遵循"方式条件",并符合译入语的表达习惯。

5) 基于英汉虚拟位移在表达具体信息方面的差异,即英语偏向于添加时间量的表达而汉语趋向于添加距离量的表达,汉语原型性虚拟位移允许添加模糊的移动距离信息,但不允许添加具体的距离信息,在翻译模糊的距离信息时,我们不能直译,而应使译文符合英语虚拟位移对于时间和距离的要求,将其译为有关时间的表达。汉语准真实虚拟位移既可以添加模糊距离信息,也可以添加精确的距离信息。在翻译模糊距离信息时,如果翻译为英语,英语中的词汇能同时表达时间和空间特性,则可以将距离信息直译。

2.3 英汉虚拟位移构式习得研究的结论

2.3.1 中国英语学习者习得英语虚拟位移构式的特点

在第七章中,我们主要探讨了不同水平的中国英语学习者习得英语虚拟位移构式的情况。研究发现:

1) 中国英语学习者按难易度顺序先后习得英语虚拟位移构式中的"位移主体","位移路径","位移方式"以及"位移时间"这四个构式建构要素的句法、语义特征。

2) 英语水平的高低在很大程度上影响了受试习得英语虚拟位移构式的情况,即英语水平愈高,习得情况愈好。

3) 即使高水平的中国英语学习者在习得英语虚拟位移时仍存在一定困难,远未能达到母语者水平。此外,我们还意外地发现,某些英语非虚拟位移构式原型(如假设位移)对英语母语者也构成一定的挑战。结果显示,母语迁移在习得英语虚拟位移表达时发挥着重要作用。

2.3.2 英语母语者习得汉语虚拟位移构式的特点

第八章主要调查了英语母语者习得汉语虚拟位移构式的特点及潜在的困难。研究发现:

1) 英语母语者习得汉语虚拟位移构式的顺序依次为：位移主体、位移方式、位移路径、位移距离；其中高水平英语母语者对位移主体的习得能够达到汉语母语者的水平；而位移距离由于两种语言的不同特征而产生的不同思维方式，位移距离在输入不足的情况下难以习得，且高、低水平组之间无显著差异。

2) 汉语水平的高低对习得虚拟位移构式具有决定性影响，即汉语水平越高，习得汉语虚拟位移构式情况越好，并且英语母语者对虚拟位移构式的理解明显好于其产出。

3) 即使高水平的英语母语者，在习得虚拟位移构式时仍有一定的困难。同时我们发现不同于英语母语者的习得顺序，汉语母语者在虚拟位移的习得顺序为位移路径、位移主体、位移方式和位移距离。其原因主要是汉语母语者在习得位移主体和位移方式过程中存在过度拟人化的现象，从而导致错误判断。

第三节　研究启示

英汉/汉英的虚拟位移构式的翻译和习得都是难点，本研究成果如英汉虚拟位移构式的异同点、英汉虚拟位移构式的认知机制、真实位移和虚拟位移构式的异同点等对虚拟位移构式的翻译、翻译教学和习得方面都有重大的实践意义。

3.1　在理论上的启示作用

本书把所有虚拟位移表达式视为一种语法构式，认为虚拟位移语法构式具有"通过把客观物理空间中的位移隐喻性地投射到心理空间，认知主体在认知对象上沿着某个路径进行位移"这样的构式意义。本书的研究成果是基于构式语法理论才得以完成的，即本书的理论框架实际上是认知语言学理论。认知语言学认为，人类的语言能力与人类的范畴化、隐喻或转喻等认知能力密不可分，可谓"认知中有语言，语言中有认知"。本课题的研究成果也为认知语言学提供了可靠的证据，说明认知语言学理论对各种语言现象（尤其是所谓的"乖戾"语言现象）具有很强的解释力。此外，虚拟位移结构是一种认知图式，涉及英、汉两个民族不同的范畴化认知机制、人类的隐喻或转喻等认知能力以及人类语言概念具有动态性等认知语言学热点与难点问题。本研究成果证实了虚拟位移表达式是具有自身独特语用意义的语法构式，开拓了认知语言学实证研究的新路径。

3.2 在翻译上的启示作用

"忠实"与"通顺"是翻译的两大基石，也是决不可有所偏颇的。然而，机械的一一对译往往产生硬译或死译，这是翻译中的大忌。因此，如何辩证地协调"忠实"与"通顺"之间的关系往往决定着翻译的质量。

语言结构中的"静"与"动"就体现为"忠实"与"通顺"之间的辩证关系。例如，在第五章第二节中我们阐述了可以用汉语的静态描写句来对应调整英语虚拟位移句以及其位移主体。同理，有时候英语静态描写句也可以转换为汉语虚拟位移句。这一静一动的调整实际上就是为了确保在更高层次上使译文实现"忠实"与"通顺"之间的协调一致。

再比如语言结构的微观与宏观视角转换的实质就是为了促进"忠实"与"通顺"之间的辩证统一。在第五章第三节中，为了确保虚拟位移构式中谓语动词的时态与语态有别于真实位移构式中谓语动词的时态与语态，我们往往诉诸语序调整、句子结构解构与重构、抽译法、合句法、主动与被动转换法等宏观翻译技巧。任何层面的翻译技巧，都离不开微观与宏观视角转换或调整。可以说宏观中见微观，微观中见宏观。什么时候需要宏观视角的转换，什么时候需要微观视角的转换，这没有固定的程式，但一定是根据语境和译入语的表达习惯的需要适时、有效地应用宏观、微观转换技巧加以应对。

在探讨英汉位移构式翻译技巧的过程中，我们发现不管是在句子层面还是在篇章层面，一般教科书上（如张培基，1980；钟书能，2012b，2017）所列举的常用翻译技巧几乎都需要涉及，毕竟英汉虚拟位移构式说到底也是一种自然语言中常见的语言现象。然而，英汉虚拟位移构式的句子成分有一定的独特性，如果不进行一一分析，我们就难以分辨其语法结构和语义结构，也难以理解这样所谓的"乖戾"语言结构。因此，用构式语法的理论阐述其语法结构和语义结构，尤其是概括性意义，有助于从翻译技巧的视角探讨有关问题。这给了我们一个积极的启示，任何语言结构均有一般语言的特征，有时候也有其独特的特征，我们必须利用某一语言学或文学理论，使用常用手段和独特手段相结合的方式有效地探讨有关翻译技巧。换言之，"常用"与"独特"是一个硬币的两面，缺一不可。应对任何翻译任务，没有永久的"常用手段"，也没有长久的"独特手段"，这两种手段一定是有的放矢地交替使用的，只有这样，"忠实"与"通顺"才能有效地得到保障。

3.3 在教学上的启示作用

英、汉虚拟移位表达是一种习焉不察的语言现象，它是我国英语教学中的一个难点与重点，是学习汉语的外国人眼中的难点，也是我国对外汉语教学中的一个重点。对英、汉虚拟位移的教学具有一定的启示作用：二语教师应通过大量具体实例向学生讲解虚拟位移构式四个组成要素的句法、语义特征，并让学生推导出统摄所有具体实例的语法构式语义。只有掌握了这一语法构式的固有语用语义，二语学习者才能反过来诉诸识解某一具体的实例。本研究获取的实证数据证明，所有虚拟位移表达式背后均有一个无形的语法构式统摄其间。牛保义（2011：103）认为，语言学习者只有习得了语法构式之后才能真正掌握并应用某一类句式。因此，语言习得的终极目标就是习得各种各样的语法构式。

参考文献

陈望道. 1997. 修辞学发凡. 上海：上海教育出版社.

邓宇. 2012. 英汉心理活动虚构运动表达的认知研究. 广州大学学报（社会科学版），(10)：59－63.

范娜. 2011. 英汉延伸路径虚构运动表达的路径及方式. 大连海事大学学报（社会科学版），(2)：106－109.

范娜. 2014a. 汉英指示路径虚拟位移对比研究. 西安外国语大学学报，(1)：15－19.

范娜. 2014b. 英语虚拟位移中的概念整合和转喻. 解放军外国语学院学报，(6)：99－106＋157.

傅舒雅. 2017. 中国英语学习者习得英语虚拟位移构式的实证研究. 华南理工大学硕士学位论文.

韩玮. 2012. 英汉主观位移句的对比研究. 浙江大学博士学位论文.

何清强，王文斌. 2015. 时间性特质与空间性特质：英汉语言与文字关系探析. 中国外语，(3)：42－49.

黄华新，韩玮. 2012. 现代汉语主观位移句的认知理据探析. 浙江大学学报（人文社会科学版），(4)：47－56.

黄瑞芳. 2016. 中国英语学习者习得英语虚拟位移表达的实证研究. 华南理工大学硕士学位论文.

李爱莲. 2018. 中国EFL学习者虚拟位移句理解中语义涉身性的眼动研究. 四川外国语大学硕士学位论文.

李玲. 2012. 中学生英语中的虚拟运动表达研究. 华中师范大学硕士学位论文.

李秋杨，陈晨. 2012a. 汉英虚拟位移表达的体验性认知解读. 山东外语教学，(1)：

40—45.

李秋杨, 陈晨. 2012b. 虚拟位移表达的空间和视觉体验阐释. 当代修辞学, (2): 46—52.

李秋杨. 2012. "以动写静"——虚拟位移事件的主观性体验. 江苏外语教学研究, (1): 71—75.

李秋杨. 2014. 延伸型虚拟位移表达的类型学研究. 现代外语, (6): 753—762.

李雪. 2009. 英汉语言表达中"想像性运动"的认知阐释. 西南政法大学学报, (2): 130—135.

李亚培. 2011. 英汉虚构位移结构分析. 河南工程学院学报(社会科学版), (3): 72—74.

铃木裕文. 2005. 主观位移表达的日汉对比研究. 现代外语, (1): 10—16.

刘宓庆. 2006. 英汉翻译技能指引. 北京: 中国对外翻译出版公司.

刘正光. 2011. 主观化对句法限制的消解. 外语教学与研究, (3): 335—349.

牛保义. 2011. 构式语法理论研究. 上海: 上海外语教育出版社.

石毓智. 2000. 语法的认知语义基础. 南昌: 江西教育出版社.

束定芳. 2013. 认知语言学研究方法. 上海: 上海外语教育出版社.

束定芳. 2000. 隐喻学研究. 上海: 上海外语教育出版社.

陶红印. 2000. 从"吃"看动词论元结构的动态特征. 语言研究, (3): 21—38.

陶竹, 毛澄怡. 2011. 汉语虚拟位移现象探析. 扬州大学学报(人文社会科学版), (6): 115—120.

汪燕迪. 2018. 汉语虚拟位移构式的英译技巧研究. 华南理工大学硕士学位论文.

王文斌. 2013a. 论英语的时间性特质与汉语的空间性特质. 外语教学与研究, (2): 163—173.

王文斌. 2013b. 论英汉表象性差异背后的时空特性——从 Humboldt 的"内蕴语言形式"观谈起. 中国外语, (3): 29—36.

王文斌. 2015. 从"形动结构"看行为动作在汉语中的空间化表征. 外语教学与研究, (6): 803—813.

王义娜. 2012. 主观位移结构的位移表征——从英汉对比的角度. 解放军外国语学院学报, (2): 1—5.

王寅. 2011a. 构式语法研究(上卷): 理论思索. 上海: 上海外语教育出版社.

王寅. 2011b. 构式语法研究(下卷): 分析应用. 上海: 上海外语教育出版社.

文秋芳. 2004. 应用语言学: 研究方法与论文写作. 北京: 外语教学与研究出版社.

谢元花. 2009. 中国学习者对英语提升谓词的习得:语义启动和句法启动的综合分析模型. 广东外语外贸大学博士学位论文.

徐盛桓. 2001. 试论英语双及物构块式. 外语教学与研究,(2):81—87.

徐盛桓. 2008. 转喻与分类逻辑. 外语教学与研究,(2):93—99.

严辰松. 2006. 构式语法论要. 解放军外国语学院学报,(4):6—11.

晏诗源,李秋杨. 2013. 汉英延伸型虚拟位移表达中位移主体的研究. 语文学刊(外语教育教学),(9):24—25.

杨静. 2013. 延展类虚拟位移的体验基础及其对句法的影响——路源假说. 西安外国语大学学报,(3):44—47+61.

袁晖,宗廷虎. 1995. 汉语修辞学史. 太原:山西人民出版社.

袁野. 2011. 汉语中的时体压制. 外国语文,(2):48—55.

张伯江. 2002. 施事角色的语用属性. 中国语文,(6):483—494.

张辉,卢卫中. 2010. 认知转喻. 上海:上海外语教育出版社.

张培基. 1980. 英汉翻译教程. 上海:上海外语教育出版社.

赵佳慧. 2018. 英语虚拟位移构式的汉译技巧研究. 华南理工大学硕士学位论文.

赵世开,沈家煊. 1984. 汉语"了"字跟英语相应的说法. 语言研究,(1):114—126.

钟书能. 2012a. 语言中虚拟位移的认知研究. 华南理工大学学报(社会科学版),(5):122—127.

钟书能. 2012b. 英汉虚拟移位的翻译技巧研究. 浙江外国语学院学报,(4):45—50.

钟书能. 2016a. 话题链在汉英篇章翻译中的统摄作用. 外语教学理论与实践,(1):85—91+58.

钟书能. 2016b. 谨防中华文化典籍英译中的"假朋友"——中华文化典籍英译探微之一. 中国外语,(3):103—109.

钟书能. 2017. 谨防中华文化典籍英译中百科知识纰缪——中华文化典籍英译探微之二. 上海翻译,(5):56—62.

钟书能. 2018. 论中华文化自信中的汉语语言力量. 中国外语,(1):4—11.

钟书能,傅舒雅. 2016a. 英汉虚拟位移主体认知对比研究. 外语学刊,(2):32—36.

钟书能,傅舒雅. 2016b. 英语定量形容词真的不能名词化吗? 外语教学,(4):16—19.

钟书能,傅舒雅. 2017. 英语母语者习得汉语虚拟位移构式的实证研究. 外语教学,(3):49—56.

钟书能,黄瑞芳. 2014. When-分句构式的认知研究. 外语研究,(5):30—37+43.

钟书能,黄瑞芳. 2015a. 虚拟位移语言现象研究:回顾与展望. 解放军外国语学院学报，(3): 31-39.

钟书能, 黄瑞芳. 2015b. 虚拟位移构式的主观化认知研究. 中国外语, (6): 21-27.

钟书能, 黄瑞芳. 2016. 汉语动补结构类型学的认知研究. 外国语, (3): 20-30.

钟书能, 黄瑞芳. 2017. 中国英语学习者习得英语虚拟位移构式的实证研究. 外语教学理论与实践, (1): 10-21.

钟书能, 李丹婷. 2014. 网络视频广告多模态隐喻与转喻的认知构建. 山东外语教学, (4): 35-39+53.

钟书能, 李英垣. 2013. 论话题与主语的认知通达机制. 华南理工大学学报(社会科学版), (2): 103-109.

钟书能, 刘爽. 2015. 汉语羡余否定构式中的"没"真的是个羡余标记吗? 外国语, (3): 24-32.

钟书能, 刘爽. 2016. 非限制性定语从句的构式认知研究以及对我国外语教学的启示作用. 华南理工大学学报(社会科学版), (5): 93-101.

钟书能, 刘爽. 2017. 虚拟位移的语法构式特征研究. 当代外语研究, (1): 51-56.

钟书能, 马欣欣. 2014. ICM 理论对李煜词作的解读. 当代外语研究, (5): 12-15.

钟书能, 石毓智. 2017a. 从创新表达看语法构式功能. 语言科学, (4): 353-360.

钟书能, 石毓智. 2017b. 汉语双宾结构的构式语法视角研究. 外语研究, (3): 1-6.

钟书能, 石毓智. 2020. 汉英对比认知研究. 北京: 高等教育出版社.

钟书能, 汪燕迪. 2017. 汉语虚拟位移建构的认知机制研究. 宁夏大学学报(人文社会科学版), (1): 167-172.

钟书能, 肖倩玉. 2018. 中华文化典籍翻译中话题链的解构与重构机制研究——中华文化典籍英译探微之四. 外语研究, (1): 75-80+93.

钟书能, 杨立汝. 2015. 英语定语从句的图式认知机制研究. 外语教育研究, (3): 1-6.

钟书能, 杨细平, 傅舒雅. 2014. 中国英语学习者对英语动补构式习得认知的实证研究. 华南理工大学学报(社会科学版), (6): 60-70.

钟书能, 游丽平, 张云霞. 2015. 论语篇翻译中话题与主语的通达机制. 当代外语研究, (12): 65-68+73.

钟书能, 赵佳慧. 2016. "介意"类心理极量词的语义韵探究. 外语教育研究, (4): 1-6.

钟书能, 赵佳慧. 2017. 真实位移与虚拟位移建构机制的认知对比研究. 中国外语, (1): 36-42.

钟书能, 郑文慧. 2017. 小说语言伏应认知机制研究. 北京第二外国语学院学报, (2):

30—41.

朱军. 2010. 汉语构式语法研究. 北京：中国社会科学出版社.

Goldberg, A. E. 2007. 构式：论元结构的构式语法研究. 吴海波译. 北京：北京大学出版社.

Bander, R. 1978. *American English Rhetoric*. New York: Holt, Rinehart and Winston.

Booth, W. 1983. *The Rhetoric of Fiction*. London: Penguin Books.

Boroditsky, L. & Ramscar, M. 2002. The roles of body and mind in abstract thought. *Psychological Science*, (2): 185—189.

Dowty, D. 1991. Thematic proto-roles and argument selection. *Language*, 67 (3): 547—619.

Fauconnier, G. 1997. *Mappings in Thought and Language*. New York: Cambridge University Press.

Fauconnier, G. & Turner, M. 2002. *The Way We Think Conceptual Blending and the Mind's Hidden Complexities*. New York: Basic Books.

Finnegan, E. 1995. Subjectivity and subjectification. In D. Stein & S. Wright (Eds.), *Subjectivity and Subjectification*. Cambridge: Cambridge University Press, 1—24.

Goldberg, A. 1995. *Constructions: A Construction Grammar Approach to Argument Structure*. Chicago: The University of Chicago Press.

Lakoff, G. 1987. *Women, Fire, and Dangerous Things: What Categories Reveal About the Mind*. Chicago: The University of Chicago Press.

Lakoff, G. & Johnson, M. 1980. *Metaphor We Live By*. Chicago and London: The University of Chicago Press.

Lakoff, G. & Johnson, M. 1999. *Philosophy in the Flesh: The Embodied Mind and Its Challenge to Western Thought*. New York: Basic Books.

Langacker, R. W. 1986. *Abstract Motion: Proceedings of the Twelfth Annual Meeting of the Berkeley Linguistics Society*. Stanford: Stanford University Press.

Langacker, R. W. 1987. *Foundations of Cognitive Grammar, Volume I: Theoretical Prerequisites*. Stanford: Stanford University Press.

Langacker, R. W. 1991. *Foundations of Cognitive Grammar, Volume II: Descriptive Application*. Stanford: Stanford University Press.

Langacker, R. W. 1999. *Virtual Reality: Studies in the Linguistic Sciences*. Stanford: Stanford University Press.

Langacker, R. W. 2001. Dynamicity in grammar. *Axiomathes*, (12): 7—33.

Langacker, R. W. 2002. *Concept, Image and Symbol*. Berlin: Mouton de Gruyter.

Langacker, R. W. 2005. Dynamicity, fictivity and scanning: The imaginative basis of logic and linguistic meaning. In R. A. Zwaan & D. Pecher (Eds.), *Grounding Cognition: The Role of Perception and Action in Memory, Language, and Thinking* (pp. 164—197). Cambridge: Cambridge University Press.

Langacker, R. W. 2007. *Ten Lectures on Cognitive Grammar by Ronald Langacker*. Beijing: Foreign Language Teaching and Research Press.

Matlock, T. 2001. *How Real Is Fictive Motion?* (Unpublished doctoral dissertation). University of California, Santa Cruz.

Matlock, T. 2004a. Fictive motion as cognitive simulation. *Memory & Cognition*, (32): 1389—1400.

Matlock, T. 2004b. The conceptual motivation of fictive motion. In G. Radden & K. U. Panther (Eds.), *Studies in Linguistic Motivation* (pp. 221—248). Berlin: Mouton de Gruyter.

Matlock, T. 2006. Depicting fictive motion in drawings. In J. Luchenbroers (Ed.), *Cognitive Linguistics Investigations: Across Languages, Fields and Philosophical Boundaries* (pp. 67—85). Amesterdam: John Benjamins.

Matlock, T. 2010. Abstract motion is no longer abstract. *Language and Cognition*, 2 (2): 243—260.

Matlock, T., Ramscar, M. & Boroditsky, L. 2003. The experiential basis of meaning. In R. Alterman & D. Kirsh (Eds.), *Proceedings of the 25th Annual Conference of the Cognitive Science Society*. Boston: Cognitive Science Society.

Matlock, T. & Richardson, D. C. 2004. Do eye movements go with fictive motion? In K. Forbus, D. Gentner & T. Regier (Eds.), *Proceedings of the 26th Annual Conference of the Cognitive Science Society* (pp. 909—914). Mahwah, NJ: Lawrence Erlbaum. .

Matlock, T., Ramscar, M. & Boroditsky, L. 2005. On the experiential link between spatial and temporal language. *Cognitive Science*, (4): 655—644.

Matsumoto, Y. 1996a. Subjective change expressions in Japanese and their cognitive and linguistic bases. In G. Fauconnier & E. Sweetser (Eds.), *Mental Space, Grammar and Discourse* (pp. 124—156). Chicago: The University of Chicago Press.

Matsumoto, Y. 1996b. How abstract is subjective motion? A comparison of coverage path expressions and access path expressions. In G. Adele (Ed.), *Conceptual Structure, Discourse, and Language* (pp. 359—373). Stanford: CSLI Publications.

Matsumoto, Y. 1996c. Subjective motion and English and Japanese verbs. *Cognitive Linguistics*, (2): 183—226.

Matsumoto, Y. 1997. Linguistic evidence for subjective (fictive) motion. In K. Nakayama & T. Ohori (Eds.), *The Locus of Meaning* (pp. 209—220). Tokyo: Kuroshio.

Michaelis, L. A. 2003. Headless construction and coercion by construction. In E. J. Francis & L. A. Michaelis (Eds.), *Mismatch: Form-Function Incongruity and the Architecture of Grammar* (pp. 8—64). Stanford: CSLI Publications.

Michaelis, L. A. 2004. Type shifting in construction grammar: An integrated approach to aspectual coercion. *Linguistics*, 15 (1): 1—67.

Michaelis, L. A. 2005. Entity and event coercion in a symbolic theory of syntax. In O. Jan-Ola & M. Fried (Eds.), *Constructional Approach to Language. Vol. 3: Construction Grammars: Cognitive Grounding and Theoretical Extensions* (pp. 45—87). Amsterdam: John Benjamins.

Quirk, R., Greenbaum, S., Leech, G., et al. 1985. *A Comprehensive Grammar of the English Language*. Essex: Longman.

Panther, K. U. & Radden, G. 1999. *Metonymy in Language and Thought*. Amsterdam: John Benjamins.

Richardson, D. C. & Matlock, T. 2007. The integration of figurative language and static depictions: An eye movement study of fictive motion. *Cognition*, 102 (1): 129—138.

Rojo, A. & Valenzuela, J. 2003. Fictive motion in English and Spanish. *International Journal of English Studies*, (2): 125—151.

Rojo, A. & Valenzuela, J. 2009. Fictive motion in Spanish: Travellable, non-travellable and path-related manner information. In J. Valenzuela, A. Rojo & C. Soriano (Eds.), *Trends in Cognitive Linguistics: Theoretical and Applied Models* (pp. 243—260). Frankfurt: Peter Lang.

Takahashi, K. 1998. Taigo no kyokooidoo-kekka-hyoogen to senzaitaki-kyokooidoo-hyoogen no kinoo to imiteki-seiyaku [Functions of resultative fictive motion (advent path) expressions and potential fictive motion (coverage path) expressions in Thai and semantic constraints on the expressions]. *Proceedings of the 116th General Meeting of the Linguistic Society of Japan* (pp. 136—141).

Takahashi, K. 2000. *Expressions of Emanation Fictive Motion Events in Thai* (Unpublished doctoral dissertation). Chulalongkom University, Bangkok.

Takahashi, K. 2001. Access path expressions in Thai. In A. Cienki, B. Luka, & M. Smith. (Eds.), *Conceptual and Discourse Factors in Linguistics Structure* (pp. 237—252). Stanford: CSLI Publications.

Talmy, L. 1975. Semantics and syntax of motion. In J. P. Kimball (Ed.), *Syntax and Semantics*, Vol. 4 (pp. 181—238). New York: Academic Press.

Talmy, L. 1983. How language structures space. In H. Pick & L. P. Acredolo (Eds.), *Spatial Orientation: Theory, Research, and Application* (pp. 225—282). New York: Plenum Press.

Talmy, L. 1996. Fictive motion in language and "caption". In P. Bloom, L. Nadel & M. F. Garrett (Eds.), *Language and Space* (pp. 211—276). Cambridge, Mass. / London: MIT Press.

Talmy, L. 2000a. *Toward a Cognitive Semantics, Vol. 1: Concept Structuring Systems*. Cambridge: MIT Press.

Talmy, L. 2000b. *Toward a Cognitive Semantics, Vol. 2: Typology and Process in Concept Structuring*. Cambridge: MIT Press.

Turner, M. & Fauconnier, G. 1995. Conceptual integration and formal expression. *Metaphor and Symbolic Activity*, (3): 183—203.

Ungerer, F. & Schimid, H. 1996. *An Introduction to Cognitive Linguistics*. London/ New York: London: Longman.

词典

惠宇,杜瑞清. 2016. 新世纪汉英大词典(第二版). 北京:外语教学与研究出版社.
霍恩比. 2014. 牛津高阶英汉双解词典(第8版). 北京:商务印书馆.
商务印书馆辞书研究中心. 2014. 古代汉语词典(第2版). 北京:商务印书馆.
中国社会科学院语言研究所词典编辑室. 2002. 现代汉语词典(汉英双语)(2002年增补版). 北京:外语教学与研究出版社.

参考译文出处

Carrol, L. 2010. *Alice in Wonderland*. London: Simon & Brown.

Thoreau, H. D. 2014. *Canoeing in the Wilderness*. Marblehead: Trajectory, Inc.

Thoreau, H. D. 1983. *Walden*. New York: Random House.

阿城. 2013. 遍地风流. 李洁译. 上海：上海外语教育出版社.

艾芜. 2002. 冬夜. 刘士聪译. 南京：译林出版社.

冰心. 1999. 雨雪时候的星辰. 张培基译. 上海：上海外语教育出版社.

陈心华. 2013. 秋雨·山林. 徐英才译. 上海：上海外语教育出版社.

大卫·梭罗. 2012. 荒野孤舟. 杜伟华译. 北京：光明日报出版社.

东东. 2013. 夏至. 徐英才译. 上海：上海外语教育出版社.

郭风. 2013. 色彩的层次. 徐英才译. 上海：上海外语教育出版社.

亨利·戴维·梭罗. 2014. 瓦尔登湖. 徐迟译. 北京：外文出版社.

江南. 2013. 大海在我的瞳孔里. 徐英才译. 上海：上海外语教育出版社.

蝌蚪. 2013. 家·夜·太阳. 徐英才译. 上海：上海外语教育出版社.

李锐. 2013. 寂静. 李洁译. 上海：上海外语教育出版社.

梁实秋. 1999. 时间即生命. 张培基译. 上海：上海外语教育出版社.

林祁. 2013. 月光祭. 徐英才译. 上海：上海外语教育出版社.

刘易斯·卡罗尔. 2016. 爱丽丝梦游奇境. 王永年译. 四川：四川少儿出版社.

毛时安. 2013. 长夜属于你. 徐英才译. 上海：上海外语教育出版社.

史中兴. 2013. 灯火. 徐英才译. 上海：上海外语教育出版社.

斯妤. 2013. 躁动的平静. 徐英才译. 上海：上海外语教育出版社.

苏童. 2013. 飞越我的枫杨树故乡. 李洁译. 上海：上海外语教育出版社.

唐大同. 2013. 霍霍西北风. 徐英才译. 上海：上海外语教育出版社.

王蒙. 2013. 海的梦. 李洁译. 上海：上海外语教育出版社.

芜岑. 2013. 禁园夜色. 徐英才译. 上海：上海外语教育出版社.

杨国民. 2013. 雄关漫道. 徐英才译. 上海：上海外语教育出版社.

余秋雨. 2013. 皋兰山月. 徐英才译. 上海：上海外语教育出版社.

郁达夫. 2016. 故都的秋. 张培基译. 云南：云南人民出版社.

乐维华. 2013. 山趣. 徐英才译. 上海：上海外语教育出版社.

张承志. 2013. 大阪. 李洁译. 上海：上海外语教育出版社.

张立勤. 2013. 去北. 徐英才译. 上海：上海外语教育出版社.

朱鸿. 2013. 渭水悠悠. 徐英才译. 上海：上海外语教育出版社.

试译

卞之琳《断章》杨宪益,戴乃迭译

方承涛《一场虚惊》试译

洪灵菲《流亡》试译

靳以《伤往》试译

清·孔尚任《北固山看大江》李洁译

萧红《永久的憧憬和追求》试译